上海社会科学院重要学术成果丛书·专著

建设习近平文化思想最佳实践地系列

马克思主义视域中的罗尔斯

Rawls from the Perspective of Marxism

汪志坚 / 著

上海人民出版社

本书出版受到上海社会科学院重要学术成果出版资助项目的资助

编审委员会

主　编　权　衡　王德忠

副主编　姚建龙　干春晖　吴雪明

委　员　（按姓氏笔画顺序）

丁波涛　王　健　叶　斌　成素梅　刘　杰

杜文俊　李宏利　李　骏　李　健　佘　凌

沈开艳　沈桂龙　张雪魁　周冯琦　周海旺

郑崇选　赵蓓文　黄凯锋

总　序

当今世界，百年变局和世纪疫情交织叠加，新一轮科技革命和产业变革正以前所未有的速度、强度和深度重塑全球格局，更新人类的思想观念和知识系统。当下，我们正经历着中国历史上最为广泛而深刻的社会变革，也正在进行着人类历史上最为宏大而独特的实践创新。历史表明，社会大变革时代一定是哲学社会科学大发展的时代。

上海社会科学院作为首批国家高端智库建设试点单位，始终坚持以习近平新时代中国特色社会主义思想为指导，围绕服务国家和上海发展、服务构建中国特色哲学社会科学，顺应大势，守正创新，大力推进学科发展与智库建设深度融合。在庆祝中国共产党百年华诞之际，上海社科院实施重要学术成果出版资助计划，推出"上海社会科学院重要学术成果丛书"，旨在促进成果转化，提升研究质量，扩大学术影响，更好回馈社会、服务社会。

"上海社会科学院重要学术成果丛书"包括学术专著、译著、研究报告、论文集等多个系列，涉及哲学社会科学的经典学科、新兴学科和"冷门绝学"。著作中既有基础理论的深化探索，也有应用实践的系统探究；既有全球发展的战略研判，也有中国改革开放的经验总结，还有地方创新的深度解析。作者中有成果颇丰的学术带头人，也不乏崭露头角的后起之秀。寄望丛书能从一个侧面反映上海社科院的学术追求，体现中国特色、时代特征、上海特点，坚持人民性、科学性、实践性，致力于出思想、出成果、出人才。

学术无止境，创新不停息。上海社科院要成为哲学社会科学创新的重要基地、具有国内外重要影响力的高端智库，必须深入学习、深刻领会习近平总书记关于哲学社会科学的重要论述，树立正确的政治方向、价值取向和学术导向，聚焦重大问题，不断加强前瞻性、战略性、储备性研究，为全面建设社会主义现代化国家，为把上海建设成为具有世界影响力的社会主义现代化国际大都市，提供更高质量、更大力度的智力支持。建好"理论库"、当好"智囊团"任重道远，惟有持续努力，不懈奋斗。

上海社科院院长、国家高端智库首席专家

目　录

导　论

二战之后，由于实证主义的兴起，社会调查和实验方法取代哲学思辨，成为政治领域研究的科学方法，对政治领域做规范性研究的传统政治哲学日趋式微。在这种状况下，罗尔斯凭借 1971 年出版的《正义论》可以说以一己之力复兴了政治哲学这门学科。此后各种当代西方政治哲学思想流派几乎都是通过批评或者发展罗尔斯的政治思想得以立足。正如诺奇克所言："现在，政治哲学家们或者必须在罗尔斯的理论框架内工作，或者必须解释不这样做的理由。"①诺奇克这话是对西方政治哲学学者说的，而中国政治哲学学人的理论关切则与西方学者不尽相同。其中最大的不同就是我们有马克思主义这一指导思想。在中国做政治哲学，不管你研究的是什么问题，持有的是何种立场，你都会不由自主地，或主动或被动地将其与马克思的政治思想做比较。对罗尔斯的研究也不例外。

本书就是应这种需求而写的，它用马克思的立场和方法对罗尔斯的政治思想作全面分析和批判。西方学者不可能为我们做这件事情，马克思的思想不构成他们的理论预设。从某种意义上说，本书的抱负是有限的，它的预期读者主要是中国的罗尔斯研究者。但从另一种意义上说，与基于西方语境问题意识解读罗尔斯的著作相比，本书期待会引起中国读者特别的兴趣。作为长期浸淫在马克思主义思想中的中国读者，如果你认可马克思政

---

① ［美］罗伯特·诺奇克：《无政府、国家和乌托邦》，姚大志译，中国社会科学出版社 2008 年版，第 218 页。

治思想的核心观点,同时又对罗尔斯的政治哲学感兴趣,本书的价值自不待言。即便你对用马克思的立场和方法研究罗尔斯仍心存疑虑,你也一定想知道马克思主义视域下的罗尔斯会呈现何种面貌,从而确证或打消你原来的疑虑。因而本书对你仍然有用,它可以为你提供一个检验你的已有信念是否可信的试剂。

本书从马克思主义视角研究罗尔斯的正义理论,不仅是出于我国政治思想特殊状况这一地域化考虑,更是延续了"一个多世纪以来自由主义在回应马克思对传统自由主义的批判中发展"这一思想史线索。马克思在《论犹太人问题》和《资本论》等作品中将传统自由主义作为资本主义的意识形态加以批判,此后一个世纪的自由主义理论建构都致力于回应马克思的批判,对马克思的回应极大影响了马克思之后自由主义的理论面貌。例如在哈耶克、波普尔和弗里德曼的自由主义思想中,我们都能时时看到马克思的影响,尽管在多数语境中,这种影响是以否定性的方式呈现的。罗尔斯的正义理论是西方自由主义在社会正义议题上的延续,代表了自由主义在 20 世纪下半期的最新发展。从马克思主义视角出发对罗尔斯正义理论加以批判性考察认真对待了以下事实:罗尔斯的正义理论代表了马克思之后自由主义的最新发展。

再者,相较于马克思之后的其他自由主义理论家,罗尔斯又特别重视从政治思想史中吸取养分,这其中就包括对马克思政治思想的消化和吸收。除在《正义论》和《作为公平的正义——正义新论》等作品中多处提到马克思之外,罗尔斯在《政治哲学史讲义》中还将马克思的政治思想作为一个专题来评介。虽然罗尔斯力求客观中立,但他在评介马克思时关注的方面,显然又不能不受到他自己的正义思想的影响。罗尔斯在"马克思讲座"开始不久就罗列了马克思对传统自由主义的批判要点,并论证他的"作为公平的正义"成功克服了马克思的批判。①这表明以下两点:第一,罗尔斯认为马克思

---

① [美]约翰·罗尔斯:《政治哲学史讲义》,杨通进、李丽丽、林航译,中国社会科学出版社 2011 年版,第 333 页。

对传统自由主义的批判在很大程度上是有道理的,自由主义若要站立得住,
必须相应而变;第二,罗尔斯在建构其正义理论时,自觉吸取了马克思对传
统自由主义的批评意见。罗尔斯对其正义思想与马克思主义的关系的讨论
又成为一个需要从马克思主义视角出发加以考察的课题。我们不禁要问:
罗尔斯的正义理论是否真像罗尔斯说的那样,克服了马克思指出的传统自
由主义的缺陷? 由此,从马克思主义视角出发对罗尔斯的正义理论进行考
察,无论对于准确把握罗尔斯正义理论建构的动机,还是深入理解罗尔斯正
义理论的内容,都具有重要意义。理解马克思对传统自由主义的批判和这
一批判与罗尔斯正义理论的关系,构成深入理解罗尔斯正义理论的一个
前提。

下面我简要介绍一下本书各章的内容。

第一章论证从马克思主义视角考察以罗尔斯正义理论为代表的当代西
方政治哲学并不是从外部强加的一个阐释视角,而是适应了“当代西方自由
主义正义理论在回应马克思中发展”这一政治思想史线索。由于马克思没
有系统讨论过社会正义问题,马克思政治哲学的当代研究通常用当代西方
正义理论的方法和框架试图从马克思的文本中“拷问”出一个马克思的正义
理论。这一解读方法难以为马克思和当代西方正义理论的关系提供一幅完
整图景。事实上,当代西方正义理论自形成之初就受到马克思政治思想的
塑造性影响。马克思的劳动价值理论和对资本主义剥削的批判、马克思对
个人天赋作为“天然特权”的批判以及马克思对资本主义自由权利虚假性的
批判,构成罗尔斯和诺奇克构建分配正义理论时不得不面对的课题。对马
克思相关论点的不同反应,既是罗尔斯和诺奇克之间分歧的一种反映,也是
促成他们之间分歧的一个诱因。随着当代西方自由主义将关切点转到社会
正义议题,马克思对传统自由主义的批判构成了导致当代自由主义内部分
裂的持续压力。

第二章探讨罗尔斯和康德的思想关联。马克思自己在青年时期也曾是

个康德主义者,从一种先天的规范性原则出发批判社会现实,他后来基于历史唯物主义方法否定从道德观念出发批判社会现实,可以看作对自己"康德时期"观点的修正。从思想传记的角度看,对康德哲学的反思塑造了罗尔斯政治哲学的形成、转向和终局。学界对罗尔斯和康德思想渊源论题主要有"貌合神离说"和"近而远之说"两种观点,前者认为罗尔斯前期对其正义理论的康德式阐释是基于对康德的误读,后者认为罗尔斯后期政治理论致力于疏离康德学说。借鉴学界对康德实践哲学的新近研究会发现,"貌合神离说"误解了康德的道德心理学,而"近而远之说"则误解了康德法权论与其伦理学的关系。澄清这些误解之后会发现,罗尔斯和康德的思想实际上是一种渐近关系,即"行合趋同"。鉴于罗尔斯和康德思想的以上亲缘关系,从成熟时期的马克思观点出发对罗尔斯的政治哲学加以批判顺理成章。

英语学界已经有一些学者对马克思和罗尔斯进行比较研究,第三、四两章对他们的工作做了一些评介。这一评介并不构成详尽的文献综述,我只是在我有所洞见的点上加以阐发。第三章探讨由西方马克思主义者佩弗提出,后被罗尔斯采纳的关于增加一个基本需求原则的建议。后期罗尔斯(从《政治自由主义》开始)在著名的两个正义原则之外,还提出了一个基本需求原则,并将这一原则置于比两个正义原则更为优先的位置。问题在于,罗尔斯假定正义原则只用于调节能够进行充分社会合作的公民之间的关系,在此预设之下,新引入的基本需求原则并不能与两个正义原则形成有机整体,差别原则将对基本需求原则产生排斥反应。这一问题并非不可解决。一方面,基本需求原则若要有意义,罗尔斯就需要修正他关于正义原则适用对象的假设;另一方面,一旦罗尔斯将基本需求原则和差别原则运用于不同的社会群体,基本需求原则的引入将使得罗尔斯的正义理论更具包容性。

第四章打包处理近十多年来西方一些左翼学者融合马克思和罗尔斯政治思想的尝试。《正义论》曾长期被西方左翼学者视作为福利资本主义的辩护之作。进入 21 世纪,罗尔斯在两部新著中把福利资本主义斥为不正义,并申明他自己的正义理论吸纳并克服了马克思对古典自由主义的批评。西方学界遂出现了一股融合马克思和罗尔斯的潮流。然而,马克思以唯物史观为基础的政治理论和罗尔斯所发展的契约论政治理论在人的观念、社会观念以及对资本主义的批评进路等方面都存有重大分歧,这就使得雷曼、亨特和布鲁德尼等人融合马克思和罗尔斯的尝试难以取得成功。

第五、六、七章是全书的重心所在,这几章从马克思的立场和观点出发对罗尔斯前后期政治思想作了全面分析和评价。第五章讨论罗尔斯正义理论与资本主义制度的关系。对于"资本主义制度能否实现罗尔斯正义原则"这一颇具现实意义的问题,《正义论》观点上的模棱两可已经在学界引起很多讨论,借鉴马克思对传统自由主义的批判,我们能更好地理解罗尔斯在这一问题上的缄默。同时,马克思关于自由主义价值与资本主义生产方式复杂关系的分析,能够使我们洞见罗尔斯在后期著作中的两个相悖的转向路标:一方面在《政治自由主义》中谋求与当代西方资本主义制度合拍,能够得到现有各种合理整全性学说拥护的规范性原则;另一方面在《作为公平的正义——正义新论》中将各种资本主义制度斥为不正义,并要求对资本主义产权私有制进行激进变革。

第六章从唯物史观视角解析罗尔斯的正义原则。罗尔斯在其理论建构中吸纳了马克思对传统自由主义所作的批评,这就使他的正义理论与马克思主义的关系扑朔迷离。从唯物史观视角审视罗尔斯的正义理论会发现:罗尔斯从西方社会公共政治文化中的理念出发对资本主义社会所做的内部批评,暗中倚赖马克思对资本主义社会意识形态的分析,但马克思又不会赞同罗尔斯的批评进路;罗尔斯虽然将生产资料的重新分配看作实现社会正义的关键步骤,但由于将分配正义的观念,而不是生产力的发展认作社会变革的决定性因素,因而违背了唯物史观的基本原理。

第七章从马克思意识形态分析的视角对罗尔斯后期"政治转向"作全新阐释。罗尔斯"政治转向"的初衷是为解决内在于《正义论》稳定性论证的一个问题,但它似乎带来了更多问题,这些问题包括重叠共识的可能性难题和政治合法性标准的设定难题。对罗尔斯"政治转向"的已有解读忽视了罗尔斯"政治转向"和西方社会新自由主义转向的深层次关联,无法对以上难题提供解答。借重马克思对资本主义社会的意识形态分析,可以洞察到:重叠共识之所以可能,是因为当代西方社会的政治价值和生活观念都受到资本主义生产方式形塑;自由主义政治合法性原则在经济分配方面要求,并且只要求社会最低额,是新自由主义转向后西方社会公共政治文化在政治理论上的表达。

第八、九两章处理两个边缘性问题。第八章讨论罗尔斯引进无知之幕的理由和马克思反驳边际生产力理论的理由的相似之处。众所周知,"无知之幕"是罗尔斯社会契约论的重要设置。罗尔斯在不同地方给出过引进无知之幕的两种理由:一是为了实现契约内容的一致性;二是为了避免道德不应得因素对人们生活前景的影响。然而,以上两种理由都有各自的不足。罗尔斯的相关论述暗示了引进无知之幕的第三种理由:从原初状态中要选出的是完全正义的原则,但人们的身份信息都受到现有的有缺陷的社会基本结构的影响,只有引进无知之幕遮蔽这些信息,才能得到理想的正义理论。罗尔斯引进无知之幕的理由和马克思反驳边际生产力理论的理由有相似之处,它们都源于将社会基本结构或社会制度作为评判社会正义与否的对象。

第九章讨论罗尔斯在《政治哲学史讲义》中对马克思的一个批评。马克思在《哥达纲领批判》中将共产主义社会第一阶段中由个人天赋差别引起的劳动者分得消费资料的差别说成是一种"缺陷"。罗尔斯在其《政治哲学史讲义》中质疑马克思没有采取类似"差别原则"的原则来克服这一缺陷。这一质疑反映出罗尔斯对马克思处理影响生活的"偶然"的历史唯物主义方法的忽视。这一方法暗含在《德意志意识形态》关于"有个性的个人与偶然的个人之间的差别"的历史性的论述之中。以马克思的观点为背景,可以反观到罗尔斯从道德直觉出发处理运气方式的不足。

第一章以罗尔斯和诺奇克对马克思政治思想的不同接受考察马克思在当代西方正义理论中的"在场"，出于完整性考虑，我在"附录"中从马克思主义视角批判了诺奇克的"资格理论"。诺奇克《无政府、国家和乌托邦》一书以其对资本主义市场分配正义性的辩护，成为西方新自由主义思潮在政治哲学领域的代表性著作。诺奇克清醒地认识到其论点与马克思的剥削理论直接对立。从马克思相关理论出发，可以论证如下观点：第一，由资本主义自由市场产生的收入分配并不具有诺奇克所说的"非模式化"特征，而是会产生积累与贫困的两极分化；第二，按照马克思关于资本主义普遍财产权利起源的历史唯物主义观点，诺奇克从自由至上主义权利出发证成资本主义市场交换是一种循环论证，缺乏效力；第三，诺奇克忽视了马克思对小商品生产者的自愿交换和劳动力市场上的自愿交换所做的区分，这才得出资本主义雇佣关系不涉及侵占劳动的错误观点。

本书大多数篇章的主要内容曾在期刊独立发表：

第二章发表于《世界哲学》2023 年第 1 期；

第三章发表于《学术月刊》2016 年第 12 期；

第四章发表于《哲学研究》2019 年第 7 期；

第六章发表于《哲学动态》2022 年第 3 期；

第七章发表于《学术月刊》2023 年第 7 期；

第八章发表于《中南大学学报（社会科学版）》2017 年第 2 期；

第九章发表于《哲学分析》2022 年第 3 期。

以上文章在内容方面（例如对罗尔斯观点的介绍）偶有重复之处，除第八章在原文基础上既有删节又有扩充外，其他期刊文章在收入本书过程中基本保持原貌。这样做的好处是本书每一章都自成体系，读者可以凭自己的兴趣选择阅读某些章节而跳过其他章节。

第一章
马克思在当代西方正义理论中的"在场"

由于历史唯物主义将政治和道德划入社会的上层建筑,认为其在根本上由社会的生产方式决定,所以尽管马克思著作中包含有对资本主义剥削的道德谴责和对共产主义社会分配制度的初步构想,马克思的政治哲学长时期没有得到应有的重视。这一状况自 20 世纪 70 年代起大为改观。究其原因,其动力来源于以罗尔斯和诺奇克为代表的当代西方正义理论给西方左翼学者带来的理论压力,迫使他们试图重构出一个马克思的正义理论作为回应。

西方左翼学界 20 世纪七八十年代发生了一场关于"马克思与正义"的大讨论,中国学者于世纪之交开始跟进,至今仍不断有相关文章和书籍涌现。这场大讨论肇始于伍德(Wood,Allen W.)1972 年发表的《马克思对正义的批判》一文[①],而伍德的文章之所以能引起热烈讨论,又跟罗尔斯 1971 年《正义论》的出版使社会正义议题广受关注紧密相关。这一发生学背景决定了当代西方左翼学者多在罗尔斯的框架之下探讨马克思的正义思想。例如美国学者佩弗(Peffer,Rodney G.)在《马克思主义、道德和社会正义》一书中提出的马克思正义理论无论从方法还是内容上都深深烙有罗尔斯的印记。佩弗运用罗尔斯的"反思平衡"方法,以罗尔斯提出的正义原则为蓝本,

---

① Wood, Allen W., 1972, "The Marxian critique of justice", *Philosophy and Public Affairs*, Vol.1, No.3, pp.244—282.

对其进行一些修正,就得出了马克思的正义原则。①诺奇克 1974 年出版的《无政府、国家和乌托邦》一书的初衷是为了反对包括罗尔斯正义论在内的各种福利国家理论,但其极右立场很快引起了科恩(Cohen,G. A.)等西方马克思主义者的注意。科恩在撰写一系列论文批判诺奇克对资本主义的辩护的同时,发掘出马克思批判资本主义剥削关系的规范性前提——工人阶级的"自我所有权"。②与佩弗通过改造罗尔斯的正义理论以发展马克思的正义理论不同,科恩通过批判诺奇克的"资格理论"反推出马克思剥削理论的规范性前提,但两位学者的相同点在于,他们对马克思正义思想的建构都缘起于从马克思主义立场对当代西方正义理论的回应。

以上学者的工作对于我们在当代西方正义理论的背景下深化对马克思政治哲学的认识作出了有益贡献。然而,以上解读方法无法为马克思和当代西方正义理论的关系提供一幅完整图景。我们不妨借用康德的"哥白尼式革命"方法,提出这样一个问题:当代西方正义理论的形成是否受到马克思的影响呢? 我们知道,马克思在 19 世纪对传统自由主义作了迄今最为深彻的批判,此后的自由主义者(如哈耶克、波普尔和弗里德曼等)都将马克思的批判作为他们建构新理论不得不克服的障碍,可以说马克思对传统自由主义的批判从反面塑造了这些学者的自由主义理论面貌。当代西方正义理论在自由主义的框架内探讨问题,是西方自由主义统绪在"社会正义"议题上的延续。马克思的政治思想可能从一开始就对当代西方正义理论产生了塑造性影响。若如此,马克思与当代西方正义理论的关系就不是前者被动适应后者,而是互动切磋。

带着以上猜测再来看当代西方正义理论,我们果然有了新的发现。作

---

① Peffer,Rodney G.,1990,*Marxism*,*Morality*,*and Social Justice*,Princeton University Press,pp.3,417.
② Cohen,G. A.,1995,*Self-ownership*,*Freedom and Equality*,Cambridge University Press,pp.146—147.

为当代西方正义理论两座并峙的高峰①，罗尔斯和诺奇克在他们的著作中不止于零星引用或评论马克思，而是都独辟章节探讨马克思的政治理论。②可以这样说，马克思对资本主义及作为其意识形态的传统自由主义的批判，像幽灵一样萦绕着罗尔斯和诺奇克的理论建构。更有趣的是下面这组对应：一方面是两位哲学家对马克思截然相反的态度，罗尔斯是接纳和融合，而诺奇克则是敌视甚至嘲讽；另一方面则是两位哲学家对资本主义制度判然有别的态度，罗尔斯认为任何形式的资本主义都是不正义的③，社会主义制度在适当条件下也能实现其正义原则，而诺奇克则为资本主义私有制和自由市场辩护，认为资本主义是唯一与自由相容的社会制度。对马克思的不同态度显然影响了两位当代西方正义理论家的理论取向和现实选择。

如果说已有的研究更多地是用当代西方正义理论的方法和框架试图从马克思的文本中"拷问"出一个马克思正义理论，那么本章则反其道而行之，从源头上探讨马克思对当代西方正义理论的塑造性影响，并进一步探索马克思对传统自由主义的批判与当代西方自由主义的内部分化之间的深层次关联。

第一节　对马克思劳动价值理论的不同接受

马克思在《资本论》等作品中以劳动价值理论为基础揭示了资本主义剥

---

① 笔者之所以这样定性有学理层面和现实影响力两个原因。学理上，当代西方其他有较大影响力的正义理论多受到罗尔斯或诺奇克的影响，例如运气平等主义(luck egalitarianism)的主要洞见来自罗尔斯，而左翼自由至上主义(left libertarianism)则由批评诺奇克而来。从与西方社会现实的关系来看，罗尔斯的正义理论是对二战后至 20 世纪 70 年代之前西方社会政治走向在政治哲学上的总结，而诺奇克的资格理论则适应了 20 世纪 70 年代以来西方社会新自由主义转向的社会现实。(Cf. Smith, Tony, 2017, *Beyond Liberal Egalitarianism*, Brill, pp.259—260)

② ［美］罗伯特·诺奇克：《无政府、国家和乌托邦》，姚大志译，中国社会科学出版社 2008 年版，第303—314 页；［美］约翰·罗尔斯：《作为公平的正义——正义新论》，姚大志译，中国社会科学出版社 2011 年版，第 212—215 页。

③ 实际上罗尔斯对资本主义的态度相当复杂，参见第五章。

削的秘密。马克思认为资本主义经济是发达的商品经济,商品除具有满足人们需求的使用价值外,还有交换价值。交换价值确定了不同商品之间市场交换的比率。马克思认为交换价值的基础是抽象劳动,即劳动者体力、脑力的耗费。衡量抽象劳动的尺度是劳动时间,确定某一商品交换价值的是生产该商品的社会必要劳动时间。社会必要劳动时间,即在现有社会正常的生产条件下,在社会平均的劳动熟练程度和劳动强度下,生产该商品所需要的劳动时间。任何生产都需要劳动与特定生产资料相结合。马克思认为原料、机器等生产资料并不创造新价值,而只是将自身价值转移到最终产品中。能够创造剩余是人类劳动的一般特性,这一特性在资本主义社会的表现形式是劳动力这一生产要素在使用过程中能够创造比其自身价值更大的价值。资本家支付给工人的工资是劳动力的价值,劳动力价值由再生产劳动力所耗费生活必需品的社会必要劳动时间 t_1 决定,而劳动力的总劳动时间 t_2 要长于 t_1,马克思将 t_2 和 t_1 的差额部分称为剩余劳动时间,工人在剩余劳动时间创造的价值是剩余价值,剩余价值是资本家利润的来源。资本家之所以能获得剩余价值,是由于他们作为一个阶级垄断了生产资料,工人出于生存压力沦为劳动力出卖者,资本主义剥削的秘密就在于资本家凭借对生产资料的垄断而无偿占有工人剩余劳动时间。

马克思劳动价值理论引起很多争论,争议点包括马克思将商品价值的来源完全归于工人劳动是否合理,价值能否成功地转化为商品价格等等。[①]这些问题多关涉经济理论问题,我们这里不去讨论。这里关注的是罗尔斯和诺奇克对劳动价值理论的不同接受如何塑造了他们的正义理论。

罗尔斯极为注重从政治思想史中汲取养分,这其中就包括马克思的政治思想。罗尔斯在《政治哲学史讲义》中有一讲专门介绍他对马克思政治思想的理解。与马克思之后的自由主义理论家几乎清一色严厉批评马克思不

---

① ［英］马克·布劳格:《经济理论的回顾》(第五版),姚开建译,中国人民大学出版社2018年版,第169页。

同,罗尔斯称赞马克思"作为一位理论经济学家和资本主义政治社会学家的成就是非凡的,事实上可说是英雄般的"①。罗尔斯在关于马克思的讲座中花了大量篇幅讨论马克思的劳动价值理论及其伦理意义。

像绝大多数当代西方经济学家一样,罗尔斯并不认为劳动价值理论能够对价格进行适当说明,但他并没有因此否定劳动价值理论,而是致力于挖掘这一理论背后的伦理意义。西方经济学界对劳动价值理论的一个常见指责是:马克思将商品价值的来源全部归因于工人劳动,完全忽略了其他生产要素的作用,其实资本和土地对最终产品也有贡献,因而资本家获取利润,地主获取地租,就像工人获取工资一样也是正义的。②罗尔斯援引马克思在《资本论》第三卷对"三位一体公式"的批判,认为劳动价值理论的真正意义在于指出:与资本和土地等生产要素相比,劳动具有特殊性。"从一种社会成员的观点来看,唯一相关的社会资源是他们的联合劳动。"③我们知道,马克思在《哥达纲领批判》中断然否认劳动是一切财富的源泉,并承认自然界也对物质财富有所贡献。④但马克思认为这种贡献并不能为生产资料私有制辩护,罗尔斯对此的解释是:"基于正义,所有的社会成员都平等地拥有权利去完全地获得和使用社会的生产资料和自然资源。"⑤即便资本和土地对最终产品有所贡献,对这种贡献的回报不应该只有社会的一小部分人享有,而大多数人则被排除在外。"对马克思来说,财产所有权的纯经济租金是不公正的,因为它实际上剥夺了社会成员获得和使用生产资料和自然资源的

---

① [美]约翰·罗尔斯:《政治哲学史讲义》,杨通进、李丽丽、林航译,中国社会科学出版社 2011 年版,第 332 页。

② 例如克拉克(Clark, John B.)认为当自由竞争市场达到均衡时,每种生产要素(资本或劳动)将根据它的边际产品获得报酬,由此产生的分配因而是公平的。([美]克拉克:《财富的分配》,陈福生、陈振骅译,商务印书馆 1983 年版,第 3 页)

③ [美]约翰·罗尔斯:《政治哲学史讲义》,杨通进、李丽丽、林航译,中国社会科学出版社 2011 年版,第 364 页。

④ 《马克思恩格斯文集》第 3 卷,人民出版社 2009 年版,第 428 页。

⑤ [美]约翰·罗尔斯:《政治哲学史讲义》,杨通进、李丽丽、林航译,中国社会科学出版社 2011 年版,第 365 页。

正当权益；而且，任何制度性地设置了这种租金的制度都是一种剥削与支配的制度。"①罗尔斯认为劳动价值理论的伦理意义在于指出，从社会成员的角度看，人的劳动是考虑分配正义问题时唯一相关的因素，由生产资料所有权带来的收益都是不正当的。

罗尔斯洞察到的劳动价值理论的伦理意义与罗尔斯正义理论处理生产资料所有制的方式有明显呼应。以洛克为代表的传统自由主义者认为人的私有财产权利是一项自然权利，这种私有财产权利不但包括私有生活资料的权利（"谁把橡树下拾得的橡实或树林的树上摘下的苹果果腹时，谁就确已把它们拨归己用"②），还包括私有生产资料（"一个人能耕耘、播种、改良、栽培多少土地和能用多少土地的产品，这多少土地就是他的财产"③）以及凭借生产资料的私有获取收益的权利（"我的马所吃的草、我的仆人所割的草皮……都成为我的财产，无须任何人的让与或同意"④）。这种自然权利先于社会制度而确定，"人们联合成为国家或置身于政府之下的重大的和主要的目的，是保护他们的财产"⑤。后来的资产阶级经济学家和自由主义者（如哈耶克和弗里德曼）也都将生产资料私有看作一项基本权利。

作为一个自由主义者，罗尔斯也将保护公民平等的基本权利和自由列为最优先的正义原则。但与洛克等人不同，罗尔斯明确区分了两类财产：个人财产和生产资料，平等自由原则仅仅保护公民除生产资料以外的个人财产权利。不再将生产资料私有权作为一项基本权利使罗尔斯的正义理论得以摆脱"传统自由主义为资本主义私有制辩护"的俗套。罗尔斯最终认为包括福利国家的资本主义在内的各种资本主义制度都是不正义的⑥，且福利

---

① ［美］约翰·罗尔斯：《政治哲学史讲义》，杨通进、李丽丽、林航译，中国社会科学出版社 2011 年版，第 365 页。
② ［英］洛克：《政府论》（下篇），叶启芳、瞿菊农译，商务印书馆 1964 年版，第 18 页。
③ 同上书，第 20—21 页。
④ 同上书，第 19 页。
⑤ 同上书，第 77 页。
⑥ ［美］约翰·罗尔斯：《作为公平的正义——正义新论》，姚大志译，中国社会科学出版社 2011 年版，第 167 页。

国家的资本主义的不正义之处正在于"准许一个由很少人组成的阶级来垄断生产资料"①。罗尔斯认为只有生产资料分散私有的财产所有民主制或生产资料公共所有的自由社会主义才可能实现他的正义原则,具体选择哪种政体则要以一个民族的环境、制度和历史传统为依据。②不管是财产所有民主制还是自由社会主义,对生产资料的私有并不能作为分得利益的根据,人们不能仅仅凭借对生产资料的私有权利而成为食利者或剥削者,而是得运用其才能积极参与社会合作方可获得社会合作产生的利益。罗尔斯的以上见解与他从马克思劳动价值理论中发掘出的伦理意义显然具有一致性。

诺奇克的《无政府、国家和乌托邦》一书中也包含一个题为"马克思的剥削"的小节专门讨论马克思的劳动价值理论和剥削理论。与罗尔斯对劳动价值理论的伦理意义的积极借鉴不同,诺奇克认为,随着劳动价值理论作为一种经济学理论的解体,"它独特的剥削理论之基础也消解了"③。诺奇克历数了西方经济学家对劳动价值理论的种种指责,例如马克思没能合理解释如何将复杂劳动换算成简单劳动,用劳动价值决定商品价格是一种倒果为因等。④诺奇克批评劳动价值理论的目的是要消解它所支持的伦理意义,即马克思对资本主义剥削的批判。诺奇克最后不无嘲讽地说:"马克思的剥削是对经济学缺乏了解的人们的利用。"⑤即便是误解也可能产生真实影响,我们这里关注的是诺奇克对劳动价值理论的排斥如何塑造了他自己的

① [美]约翰·罗尔斯:《作为公平的正义——正义新论》,姚大志译,中国社会科学出版社 2011 年版,第 169 页。
② [美]约翰·罗尔斯:《正义论》(修订版),何怀宏、何包钢、廖申白译,中国社会科学出版社 2009 年版,第 220—221 页。
③ [美]罗伯特·诺奇克:《无政府、国家和乌托邦》,姚大志译,中国社会科学出版社 2008 年版,第 303 页。
④ 史密斯从马克思主义经济学立场对诺奇克的指责作了逐点回应。(Smith, A., 1982, "Robert Nozick's Critique of Marxian Economics", *Social Theory and Practice*, Vol.8, No.2, pp.165—188)
⑤ [美]罗伯特·诺奇克:《无政府、国家和乌托邦》,姚大志译,中国社会科学出版社 2008 年版,第 314 页。(译文有改动)

正义理论。

诺奇克对于劳动价值理论及其伦理意义的拒斥几乎决定了他的资格理论能够为何种社会制度辩护。为了看清这一点，我们不妨假设诺奇克接受劳动价值理论，看看诺奇克的资格理论会导向何方。诺奇克提出资格理论是为了反对正义的模式化原则。模式化原则衡量某一收入分配是否正义的标准看它是否符合某一既定模式①，例如基尼系数小于某一数值的国民收入分配才是正义的。诺奇克认为在评估收入分配是否正义时，我们不应当关注分配结果的特征，而应该考察收入分配状况的产生过程是否正义。例如，同一种收入分配模式，如果是由人们的自愿交换产生的，那就是正义的，如果是由抢劫或偷窃产生的，那就是不正义的。

各种福利再分配理论家往往会提出一种模式化原则作为福利国家的特征，诺奇克反对福利国家的正义理论，他认为"从一种资格理论的观点看，当其发生的时候，再分配确实是一种包含了侵犯人们权利的严重事情"②。这里所说的权利指自我所有权（self-ownership），即每个人控制自己的身体及通过劳动获取收益的权利。而"对劳动所得征税等于是强迫劳动……从一个人那里拿走 n 小时的劳动所得犹如拿走 n 小时，犹如强迫这个人为了另一个人的目的而工作 n 小时"。③诺奇克认为既然人们的所得是由劳动创造的，就不应当对其加以调节，这才是对收入产生过程的尊重。

诺奇克的以上见解让我们不禁想到马克思在《资本论》中对资本家无偿占有工人剩余劳动时间的分析。马克思认为所有价值都是劳动者创造的，结果却是工人的赤贫，劳动成果被资本家攫取。马克思显然不会认为只要分配模式相同，无论是资本家得到生产剩余还是工人得到生产剩余，分配结果都是同样正义的。诺奇克对这一点有充分了解，他指出："任何持有［资格

---

① ［美］罗伯特·诺奇克：《无政府、国家和乌托邦》，姚大志译，中国社会科学出版社 2008 年版，第 186 页。

②③　同上书，第 202 页。

理论]的社会主义者听到这样的情况都会感到不舒服:实际的分配A并不比D更不正义;其差别仅仅在于,'寄生的'资本所有者在A情况下得到了工人在D情况下有资格得到的东西,而工人在A情况下得到了资本所有者在D情况下有资格得到的东西,也就是说,得到的东西非常少。"①资格理论注重分配产生的过程而非结果,马克思对资本主义生产过程的分析表明工人没有得到劳动的全部产品,诺奇克的资格理论与马克思的劳动价值理论结合起来,会得出资本主义分配不正义的结论。

诺奇克之所以没有从资格理论出发得出资本主义分配不正义的结论,正是因为诺奇克拒斥马克思的劳动价值理论以及马克思对资本主义剥削的批判。诺奇克认为"[社会主义者的]错误在于他关于何种生产过程产生何种资格的观点"。②诺奇克和社会主义者的共识在于都认为评估分配结果是否正义必须考察分配所由产生的过程,他们的分歧在于对资本主义生产过程会产生何种资格分配有不同看法。社会主义者根据马克思的劳动价值理论认为只有工人对最终产品作出了贡献,与此相反,对劳动价值理论的否定态度使诺奇克认为工人不是劳动产品价值的唯一贡献者,因而不能对资本主义生产的全部产品拥有资格,资本家可凭借他们拥有的生产资料在生产过程中的贡献来要求回报。诺奇克对马克思劳动价值理论及剥削理论的拒斥使他的资格理论具有为资本主义分配方式辩护的现实含义。

第二节 对马克思批判个人天赋
作为"天然特权"的不同接受

洛克在《政府论》下篇中针对菲尔麦的封建君主财产权理论,提出了以

---

① ② [美]罗伯特·诺奇克:《无政府、国家和乌托邦》,姚大志译,中国社会科学出版社2008年版,第185页。

劳动为基础的私有财产权理论,从而为资本主义私有产权辩护。洛克由此被马克思誉为"同封建社会相对立的资产阶级社会的权利观念的经典表达者"①。洛克劳动所有权理论的一个推论是"不同程度的勤劳会给人们以不同数量的财产"②,但洛克从未进一步讨论过相同勤劳程度的人们是否就会通过劳动获得同样多的财产。虽然马克思同意亚当·斯密的以下说法:"从根本上说,搬运夫和哲学家之间的差别要比家犬和猎犬之间的差别小得多"③,但他并没有忽视人们之间的天赋差异。马克思指出:"工场手工业发展了一种劳动力的等级制度,与此相适应的是一种工资的等级制度……各种劳动操作,也要适应这种由先天的和后天的技能构成的等级制度。"④马克思这里注意到了工人的"先天技能等级"(即自然禀赋的差异)造成的工资差别。然而,在《资本论》等批判资本主义生产方式的作品中,马克思却从未表示这种由天赋差别造成的工资差别有任何不公平之处。究其原因,在对资本主义生产方式的分析中,马克思关注的是社会产品如何在资产阶级和工人阶级之间分配,而不是造成工人阶级成员之间收入差距的原因。在对后资本主义社会的分配原则的分析中,马克思探讨了自然禀赋差距造成劳动者所得差别的问题。

纵观西方政治思想史,马克思第一个明确提出先天禀赋影响人们所得的不正义性问题。马克思在《哥达纲领批判》中认为共产主义社会第一阶段实行按劳分配,按劳分配虽然克服了资本主义剥削,但它也有自己的弊端。"一个人在体力或智力上胜过另一个人,因此在同一时间内提供较多的劳动,或者能够劳动较长的时间。"⑤按照按劳分配原则,这些有更强劳动能力的人,就能得到更多生活资料。按劳分配"默认,劳动者的不同等的个人天

①　《马克思恩格斯全集》第 37 卷,人民出版社 2020 年版,第 272 页。
②　[英]洛克:《政府论》(下篇),叶启芳、瞿菊农译,商务印书馆 1964 年版,第 30 页。
③　《马克思恩格斯文集》第 1 卷,人民出版社 2009 年版,第 619 页。
④　《马克思恩格斯文集》第 5 卷,人民出版社 2009 年版,第 405 页。
⑤　《马克思恩格斯文集》第 3 卷,人民出版社 2009 年版,第 435 页。

赋,从而不同等的工作能力,是天然特权"①。马克思认为个人天赋带来的劳动者收入的差别是不正义的,最合理的解释显然是由于个人天赋是一种人们无法负责的道德上任意因素,而人们的所得不应该受到这种纯然运气成分的影响。②类似观点早在《德意志意识形态》中就曾表达:"人们的头脑和智力的差别,根本不应引起胃和肉体需要的差别;由此可见,'按能力计报酬'……应当……变为'按需分配'这样一个原理,换句话说:活动上、劳动上的差别不会引起在占有和消费方面的任何不平等、任何特权。"③

罗尔斯在《政治哲学史讲义》中对马克思的以上见解有深入讨论。④根据现有的文献资料看,我们无法考证罗尔斯在建构正义理论时是否参考了马克思对个人天赋作为"天然特权"的批判,但两人观点上的类似是明显的。罗尔斯在提出自己的正义理论之前,指责了放任资本主义的分配制度。放任资本主义只要求形式的机会平等,即机会向才能开放,没有人被歧视。除此以外,个人所得分配份额完全由市场决定。罗尔斯认为,放任资本主义是不正义的,原因在于,在这一体制下,"现存的收入和财富分配方式就是天赋(亦即自然的才干和能力)的先前分布累积的结果……自然的自由体系最明显的不正义之处,就是它允许分配的份额受到这些从道德观点看是非常任性专横的因素的不恰当影响"⑤。在罗尔斯看来,人的自然天赋是生而禀有的,未经人们的选择或者努力。放任自然天赋决定人们的收入份额是不正

---

① 《马克思恩格斯文集》第 3 卷,人民出版社 2009 年版,第 435 页。
② 这是一种流行的解释。(Cf. Peffer, Rodney G., 1990, *Marxism, Morality, and Social Justice*, Princeton University Press, p.333)第九章对这一流行的解释提出了质疑。
③ 《马克思恩格斯全集》第 3 卷,人民出版社 1960 年版,第 637—638 页。
④ 罗尔斯批评马克思没有采取类似差别原则的再分配原则来调节由劳动者不同天赋带来的所得差别。([美]约翰·罗尔斯:《政治哲学史讲义》,杨通进、李丽丽、林航译,中国社会科学出版社 2011 年版,第 379—382 页)
⑤ [美]约翰·罗尔斯:《正义论》(修订版),何怀宏、何包钢、廖申白译,中国社会科学出版社 2009 年版,第 56 页。

义的。天赋虽不能改变,但人的天赋和收入之间的关系却可以由社会的经济制度加以调节。差别原则(the difference principle)的作用就在于为人们运用天赋获益施加条件,使其惠及社会所有成员,尤其是最不利者。"差别原则实际上代表这样一种同意:即把天赋的分布看作是在某种意义上的一种共同资产,可以共享这种由天赋分布的互补性带来的较大社会与经济利益。"①尽管为激励天赋好的人努力工作,差别原则仍给予天赋较佳者更多经济回报,但差别原则仍然在很大程度上减弱了人们的天赋和收入之间的联系。20 世纪 80 年代发展起来的运气平等主义将罗尔斯的这一道德直觉彻底化,进而主张消除(而不仅仅是减弱)包括自然天赋差异在内的所有非选择运气对人们生活前景的影响。从罗尔斯对道德上任意因素影响人们生活前景的调节,到运气平等主义对一切非选择运气对人们所得利益的反对,形成了当代西方正义理论中一支强劲的平等主义脉络。而马克思在《哥达纲领批判》中对个人天赋作为天然特权的批判已包含这一当代平等主义思潮的端倪。

　　以诺奇克为代表的自由至上主义者反对罗尔斯和运气平等主义者的以上主张。诺奇克指责罗尔斯"人们天赋的差别是道德上任意因素"的观点忽视了天赋的发展是人们自主选择的结果。罗尔斯的观点若要成立,就得假定这些选择也是超出人们控制的、"从道德的观点看是任意的"因素的产物,而这实际上等于取消了自主选择和自主行为。诺奇克由此怀疑罗尔斯的理论所预设和依赖的这种不崇高的人类形象是否能与人类尊严相容。②诺奇克将以下观点归于罗尔斯:只有一个人在挣得 Y 的过程中所使用的东西(其中包括天资)是他挣得的(或应得的),他才挣得 Y。诺奇克反对这一观

---

① ［美］约翰·罗尔斯:《正义论》(修订版),何怀宏、何包钢、廖申白译,中国社会科学出版社 2009 年版,第 77—78 页。

② ［美］罗伯特·诺奇克:《无政府、国家和乌托邦》,姚大志译,中国社会科学出版社 2008 年版,第 256 页。

点,他认为:如果人们拥有 X,而且他们拥有 X(无论他们对于拥有它是不是应得的)没有侵犯任何别人对 X 的(洛克式)权利或资格,而且通过一种其自身没有侵犯任何人的(洛克式)权利或资格的过程,Y 来自(产生于)X,那么这个人对 Y 是有资格的。①准此,自然禀赋属于自我所有权的范围,虽不能说人们应得其自然禀赋,但由于人们拥有天赋并未侵犯别人的权利,人们对于其劳动产品就是有资格的,"支撑着应得的基础本身无需从头到尾都是应得的"②。"无论从道德的观点看人们的天资是不是任意的,他们对它们都是有资格的,从而对来自它们的东西也是有资格的。"③诺奇克认为差别原则对待天赋的方式违反了罗尔斯自己反驳功利主义的理由,即"没有认真对待人们之间的区别"④。在诺奇克看来,差别原则将天赋的分布看作一种共同资产,这实际上就是"对天资和才能强加一种人头税",把人们的天资和才能套上缰绳来为别人服务。⑤诺奇克关于个人拥有天赋及运用天赋获取收益的权利的观点与马克思对个人天赋作为"天然特权"的批判截然相反,成为当代西方政治哲学中右翼自由至上主义(right libertarianism)一脉的标志性信条。

第三节　对马克思批判资本主义
自由权利虚假性的不同接受

马克思在《资本论》及其手稿中对资本主义社会自由权利的虚假性进行了揭露和批判。资本主义经济是发达的商品经济,商品交换以等价交换为

---

① ②　[美]罗伯特·诺奇克:《无政府、国家和乌托邦》,姚大志译,中国社会科学出版社 2008 年版,
　　第 270 页。
③　同上书,第 271 页。
④　同上书,第 274 页。
⑤　同上书,第 275 页。

其原则,市场参与者的平等关系发轫于此。"一个用 3 先令购买商品的工人和一个用 3 先令购买商品的国王,两者职能相同,地位平等。"①交换双方根据需要和支付能力自愿交换,不得强买强卖,交换的主体是自由的。马克思指出:"交换价值的交换是一切平等和自由的生产的、现实的基础。"②然而,产生于商品流通领域的自由和平等却是以商品生产领域的强制和剥削为其基础。在资本主义生产中,工人由于缺乏生产资料,必须将劳动力出卖给资本家才能满足生存需要。资本家凭借对生产资料的垄断,强迫工人劳动的时间超过生产工资品的时间,工人在剩余劳动时间创造的价值形成剩余价值,被资本家无偿攫取。在资产阶级和工人阶级之间真实的关系不是自由、平等,而是强迫和不平等。

经济领域的自由和平等的虚假性必然反映在政治领域,马克思早在《论犹太人问题》中就指出:"虽然在观念上,政治凌驾于金钱势力之上,其实前者是后者的奴隶。"③作为"资产阶级的现实利益的唯心的表达"④的传统自由主义,在极力鼓吹保障公民平等权利的同时,却对社会经济领域的不平等默然不语。例如康德就认为人们"在财产底数量与等级方面的最大不平等"并不妨碍"在一个国家里作为其臣民的人的这种一体平等"⑤。

罗尔斯念兹在兹马克思对传统自由主义保障的自由权利只具有形式意义的批判,他自问道:"我们如何答复通常由激进的民主主义者和社会主义者(以及马克思)所提出的这种众所周知的反对意见,即在现代民主国家中平等的自由实际上纯粹是形式的?"⑥在回应这一问题时,罗尔斯对于政治

① 《马克思恩格斯全集》第 30 卷,人民出版社 1995 年版,第 201 页。
② 同上书,第 199 页。
③ 《马克思恩格斯文集》第 1 卷,人民出版社 2009 年版,第 51 页。
④ 《马克思恩格斯全集》第 3 卷,人民出版社 1960 年版,第 216 页。
⑤ [德]伊曼努尔·康德:《康德历史哲学论文集》,李明辉译注,广西师范大学出版社 2020 年版,第 105 页。
⑥ [美]约翰·罗尔斯:《作为公平的正义——正义新论》,姚大志译,中国社会科学出版社 2011 年版,第 180 页。

自由和其他基本自由作了不同处置。罗尔斯的第一个正义原则延续了自由主义的传统，保障公民享有平等的基本自由和权利。特别之处在于，罗尔斯要求保证政治自由的公平价值。"理想的情况是，具有类似天赋、动机的人，不管他们的经济、社会地位如何，都应有获取政治权力地位的大致相同的机会。"①

罗尔斯虽然没有像对待政治自由一样也保障其他自由的公平价值，但也致力于提高所有人其他基本自由的价值。罗尔斯对自由主义的最重要发展就在于将社会经济领域的不平等也纳入其正义原则调节的范围。②罗尔斯的差别原则极具平等主义倾向，它将收入和财富的平等分配作为基准点，要求任何经济不平等都要能够最大化最不利者的利益。罗尔斯区分了基本自由和基本自由的价值："自由表现为平等公民权的整个自由体系；而个人和团体的自由价值是与他们在自由体系所规定的框架内促进他们目标的能力成比例的。"③基本自由和基本自由的价值分别由平等自由原则和差别原则调节。"作为平等自由的自由，对所有人来说都是一样的，在此，不会产生对较小的自由的补偿问题。"虽然出于效率方面的考虑，自由的价值不能像政治自由一样实现平等，但"当差别原则使最不利者能够得到的基本善指标达到了最大化的时候，它也就是使他们所拥有的平等自由之价值达到了最大化"④。罗尔斯通过保障政治自由的公平价值，并最大程度提高最不利者的基本自由的价值，从理论上部分回应了马克思对于资本主义权利虚假性

---

① [美]约翰·罗尔斯：《正义论》（修订版），何怀宏、何包钢、廖申白译，中国社会科学出版社 2009 年版，第 176 页。

② Nagel, Thomas, 2003, "Rawls and Liberalism", in *The Cambridge Companion to Rawls*, S. Freeman(ed.), Cambridge University Press, p.63.

③ [美]约翰·罗尔斯：《正义论》（修订版），何怀宏、何包钢、廖申白译，中国社会科学出版社 2009 年版，第 160 页。

④ [美]约翰·罗尔斯：《作为公平的正义——正义新论》，姚大志译，中国社会科学出版社 2011 年版，第 180 页。

的批判。①

诺奇克对于马克思对劳动力市场上工人阶级自由虚假性的批判也耿耿于怀。诺奇克预想了这样一个反对意见："对于我一再说到的自愿的交换，一些读者会表示反对，其理由是某些行为(例如，工人接受某种工资)并非真正是自愿的，因为当事人面对着有限的艰难选择，而且所有其他选择比他所选择的都更加糟糕。"②诺奇克这里针对的是马克思对工人阶级被迫出卖劳动力的批判。诺奇克指出："其他人的行为为一个人可以得到的机会设置了限制。这是否使一个人的行为称为不自愿的，取决于这些他人是否有权利这样做。"③诺奇克认为资本家购买劳动力是在行使其财产权，尽管工人要么挨饿，要么出卖劳动力，他们仍然是自愿的。④

诺奇克这里对权利作了完全消极意义的理解。在诺奇克看来，权利是一种边界约束，划定了每个人可以自由行动的范围，"其他人的权利决定了对你的行为所施加的约束"⑤。"并不存在拥有利益的社会实体，这种社会实体能够为了自己的利益而承受某些牺牲。存在的只是个体的人，具有他们自己个别生命的不同的个体的人。为了其他人的利益而利用其中的一个人，就是利用他而使别人得到好处，仅此而已。"⑥权利作为边界约束预设了马克思在《论犹太人问题》中批判过的利己主义个人观念，马克思将这种权利说成是"利己的人的权利、同其他人并同共同体分离开来的人的权利"，这

---

① 20世纪70年代后美国社会的现实走向与罗尔斯的正义理想渐行渐远。在政治自由方面，美国最高法院在后来的判决中取消了对经济势力影响竞选的限制，罗尔斯对此深表失望。(Rawls, John, 1996, *Political Liberalism*(Expanded Edition), Columbia University Press, pp.359—360)就经济分配状况来说，自实行新自由主义政策以来，美国社会经济不平等加剧，"美国收入前10％人群的收入占美国国民收入的比重……从70年代的不足35％上升到2000—2010年的45％—50％"。([法]托马斯·皮凯蒂：《21世纪资本论》，中信出版社2014年版，第25页)

②③ [美]罗伯特·诺奇克：《无政府、国家和乌托邦》，姚大志译，中国社会科学出版社2008年版，第314页。

④ 同上书，第315页。

⑤ 同上书，第35页。

⑥ 同上书，第39页。

种权利就好比划定两块田地边界的"界桩"一样将人与人分隔开来。①

资产阶级经济学家早已用契约自由来反对马克思对工人阶级被迫出卖劳动力的论断。诺奇克更是将这种契约自由发挥到无以复加的地步。传统自由主义虽然推崇契约自由，但却也认为契约自由有其界限，例如洛克就认为"一个人……不能用契约或通过同意把自己交由任何人奴役，或置身于别人的绝对的、任意的权力之下，任其夺去生命"②。诺奇克对契约自由的推崇几乎打破了所有界限，诺奇克指出："资格理论家将会认为，由当事人的自愿交换所导致的任何一种分配都是可接受的。"③他甚至认为一种自由制度会允许一个人把自己卖为奴隶。④部分是为了反对马克思对工人被迫出卖劳动力的论断，诺奇克走向了甚至连传统自由主义都无法容忍的对于资本主义契约自由的拜物教式的崇拜。

小　结

自从马克思运用历史唯物主义方法将传统自由主义作为资本主义的意识形态作了深彻批判之后，自由主义被迫达到了"自我反思"的水准。此后的自由主义理论家都要主动思考自由主义理论与资本主义的关系，并对马克思的批判给出回应。二战之后，一方面由于社会主义革命的压力，另一方面为了避免重蹈大萧条的覆辙，西方国家普遍提高普通民众的生活水平，实行从摇篮到坟墓的福利政策。在此背景之下，自由主义理论也发生了裂变和分化。以罗尔斯为代表的左翼自由主义，期望进一步缩小社会贫富差距，

① 《马克思恩格斯文集》第 1 卷，人民出版社 2009 年版，第 40 页。
② ［英］洛克：《政府论》（下篇），叶启芳、瞿菊农译，商务印书馆 1964 年版，第 15 页。
③ ［美］罗伯特·诺奇克：《无政府、国家和乌托邦》，姚大志译，中国社会科学出版社 2008 年版，第 39 页。（译文有改动）
④ 同上书，第 397 页。

提高最不利者福利,希望社会由此成为一个不同阶层之间的公平合作体系。然而,罗尔斯《正义论》发表之时,也正是西方社会不同阶层的表面和谐结束之时,20世纪70年代开始西方国家为克服滞胀压力,普遍实行削减社会福利、打压工会势力、恢复自由市场中心地位的新自由主义政策。以诺奇克为代表的自由至上主义在学理上敏锐地把握住了时代的发展动向,提出为资本主义私有制和自由市场分配辩护的资格理论。

在理论建构过程中,罗尔斯和诺奇克都对马克思对传统自由主义的批判进行了反思和回应。罗尔斯主要是从积极方面借鉴马克思的批判意见。罗尔斯的正义原则对资本主义生产资料所有制的变革要求,对自然天赋影响人们生活前景的调节,以及对最不利者基本自由的价值的重视都深深烙有马克思政治思想的印记。诺奇克则从消极方面受到马克思的影响。他对马克思劳动价值理论和剥削理论的拒斥使资格理论具有为资本主义分配辩护的现实含义。为了回应马克思对劳动力市场自由平等虚假性的批判,诺奇克声称"资格理论家将会认为,由当事人的自愿交换所导致的任何一种分配都是可接受的"。为了保持理论的一贯性,诺奇克不得不承认自愿卖为奴隶也是允许的,诺奇克由此将传统自由主义对契约自由的推崇发展到一种拜物教式的崇拜。

马克思之后,自由主义者再也不能像以前那样将分歧保持在家族内部。尤其在社会和经济领域的分配正义议题也纳入理论反思之后,自由主义者必须在两条道路之间抉择。赞同马克思对资本主义剥削和资产阶级自由权利虚假性批判的自由主义者会像罗尔斯一样承认任何形式的资本主义制度都不正义,而拒斥马克思以上批判的自由主义者则像诺奇克一样为所有形式的自愿交易和任何程度的贫富差距辩护。自由主义者再也不能一方面为资本主义辩护,一方面又以温文尔雅的面貌示人。在马克思批判传统自由主义的理论压力下,自由主义者要么像罗尔斯那样同资本主义制度决裂,要么像诺奇克那样退回到赤裸裸的自私自利的个人主义。

第二章
罗尔斯和康德思想渊源重探

罗尔斯在《正义论》"初版序言"中声称他要改进传统社会契约论,以取代当时在道德哲学中占主流地位的功利主义。在西方哲学史上,康德是功利主义最重要的反对者,他将功利主义对幸福的追求归为假言命令之一种的"明智的建议",并坚决反对将道德奠基于其上。[①]相同的反功利主义立场已足以让读者期待罗尔斯对康德的学说有所传承,罗尔斯更是从不隐讳他深受康德思想的影响,他甚至谦逊地认为他的正义理论在本质上是康德式的、没有原创性可言。[②]从《正义论》中"对作为公平的正义(justice as fairness)的康德式阐释",到转折期罗尔斯对其正义论的康德基础的深入挖掘,再到《政治自由主义》中对"康德的道德建构主义"的讨论,从思想传记的角度看,对康德哲学的思考对于罗尔斯政治哲学的形成、转向和终局都产生了深刻影响。学界也普遍认为厘清罗尔斯和康德的思想关联对于评估罗尔斯的政治哲学至关重要。如果罗尔斯的康德式阐释能够成立,那将"有望为罗尔斯的正义原则提供一个更深层次的辩护"[③];如果失败,则将"危及罗尔斯道德理论中很多最富魅力的部分"[④]。

---

① [德]伊曼努尔·康德:《道德形而上学奠基》,杨云飞译,人民出版社 2013 年版,第 46 页。
② [美]约翰·罗尔斯:《正义论》(修订版),何怀宏、何包钢、廖申白译,中国社会科学出版社 2009 年版,"初版序言",第 2 页。
③ Darwall, Stephen L., 1976, "A Defense of the Kantian Interpretation", *Ethics*, Vol.86, No.2, p.164.
④ Levine, Andrew, 1974, "Rawls' Kantianism", *Social Theory and Practice*, Vol.3, No.1, p.59.

学界虽普遍认为这一论题值得深入探究,但对罗尔斯和康德思想关联的性质却难以达成共识。已有的观点大致可分为两种。第一种观点可称为"近而远之说"。该观点认为罗尔斯前期正义理论的确是康德式的,罗尔斯哲学中的康德因素在 20 世纪 80 年代的过渡时期达到顶点,随后急转直下,罗尔斯后期的政治理论则致力于撇清与康德思想的关联。"近而远之说"与罗尔斯自己对其与康德思想关联的论述相符,罗尔斯弟子弗里曼(Freeman,Samuel)在其阐释罗尔斯政治哲学的权威著作《罗尔斯》一书中即采取这一观点。[1]"近而远之说"可以说是关于罗尔斯和康德思想关联论题的正统观点。第二种观点可称为"貌合神离说"。该观点认为前期罗尔斯虽在其正义理论中加入了一些康德因素,但从精神实质上说,罗尔斯对其正义理论的康德式阐释乃是基于对康德的误解,按照康德伦理学,罗尔斯的正义原则只能是一种他律原则。既然罗尔斯从未有过真正的"康德时刻",罗尔斯后期对康德的疏离就更是无从谈起。"貌合神离说"的支持者有莱文(Levine,Andrew)、约翰逊(Johnson,Oliver A.)和梅森(Mason,H. E.)等。

笔者认为"近而远之说"和"貌合神离说"都不是对罗尔斯和康德思想关联的恰切描述,纵观其政治哲学思想的整个发展历程,罗尔斯与康德的思想关联是逐渐加深的,笔者由此提出"行合趋同说"。

第一节 "近而远之说"
——对罗尔斯和康德思想渊源的正统描述

"近而远之说"将罗尔斯和康德的思想关联分为"近之"和"远之"两个阶

---

[1] 弗里曼指出:"对作为公平的正义的康德式阐释写得相对晚些,将其收入《正义论》是为了表明作为公平的正义与善契合。《正义论》之后康德对罗尔斯的影响渐增。直到在末期著作中,罗尔斯才试图远离康德,以避免将政治自由主义奠定于有争议的基础之上。"(Freeman, Samuel, 2007, *Rawls*, Routledge, p.22)

段。"近之"阶段指罗尔斯在《正义论》中对其正义理论的康德式阐释,"远之"阶段指罗尔斯在《政治自由主义》中对康德学说的疏离。罗尔斯 20 世纪 80 年代的若干论文则构成这两个阶段的过渡。

《正义论》的目标是发展出一种更完善的社会契约论,以取代在当时占主流地位的功利主义。罗尔斯将他的正义理论称为"作为公平的正义",这一名称包含两方面内容。第一,社会契约的订立环境是公平的。罗尔斯用"原初状态"(original position)取代传统社会契约论中的"自然状态"。原初状态中的选择者处于"无知之幕"(veil of ignorance)背后,他们在订立社会契约时不受其自然禀赋、家庭出身和生活计划等偶然因素的扭曲。第二,社会契约的内容是调节社会基本结构的正义原则。罗尔斯提出以下两条正义原则:第一条是平等的自由原则,该原则保障人们平等地享有传统自由主义所提倡的基本权利和自由;第二条原则用于调节社会和经济的不平等,包括实质的机会平等原则和差别原则。差别原则是罗尔斯正义理论中最富盛名的一条原则,它要求任何经济不平等都要能够最大化最不利者的利益。以上原则之间存在严格的词典式次序,当不同原则的政策要求发生冲突时,优先满足位阶靠前的原则。例如对最不利者利益的偏惠不得以侵犯人们的基本权利和自由为代价。

罗尔斯在《正义论》第 40 节试图为其正义观念在康德伦理学那里寻求支撑。罗尔斯认为康德伦理学的核心概念不是普遍性而是自律。作为公平的正义的两方面内容都能与康德伦理学呼应。第一,"原初状态在一些重要方面与本体自我理解世界的视点类似"[①]。本体自我是一种自由而平等的理性存在物,其行为原则不受自然偶因决定。当人们根据自律原则行动时,他们自由而平等的本性得以表达。原初状态中的无知之幕屏蔽与人们的自然禀赋、家庭出身和生活计划等相关的信息,这就在经验理论的框架内解释

① [美]约翰·罗尔斯:《正义论》(修订版),何怀宏、何包钢、廖申白译,中国社会科学出版社 2009 年版,第 201 页。(译文有改动)

了康德的本体自我的观点。第二，"正义原则类似于定言命令"①。与假言命定预设行为者有特殊的愿望和目的不同，定言命令要求人们无条件地服从。罗尔斯的正义原则是在人们不知道自己的身份信息和生活计划的状况下选出的，人们对正义原则的服从旨在促进一般的社会合作，而不以满足人们的特殊目的为前提。

《正义论》第 40 节的康德式阐释只是对罗尔斯正义理论的一个额外的支持。与此不同，对康德伦理学的援引却是《正义论》第三部分在论证正义原则的稳定性时不可或缺的。罗尔斯认为适当的正义原则不仅会从原初状态中被选出，而且还应在社会成员心中产生支持它的持续理由。即便在一个受罗尔斯的正义原则调节的良序社会（well-ordered society）中，人们能产生服从正义原则的心理倾向，这也不能保证这种心理倾向能够持久而坚定。正义原则若要稳定，人们的正义感还应对人们的理性来说是善的（good）。《正义论》第 86 节就是要论证"正义感的善"。罗尔斯认为康德式的阐释可以提供一个强有力的理由来证明按照罗尔斯的两个正义原则去行动符合人们的善。原初状态类似于人们的本体自我的视点，它表达的是人们的自由而平等的本性。"对正义行为的欲望和表达我们作为自由的道德人的本性的欲望，在实践的意义上其实说的是同一个欲望。"②由于表达自己的本性是每个人的根本利益之所在，所以按照选自原初状态的正义原则去行动对人们来说就是善的。③

罗尔斯后来逐渐意识到，"《正义论》第三部分的稳定性论述与全书整体观点不一致"④。主流阐释认为问题出在稳定性论证对康德伦理学的过

---

① ［美］约翰·罗尔斯：《正义论》（修订版），何怀宏、何包钢、廖申白译，中国社会科学出版社 2009 年版，第 199 页。（译文有改动）

② 同上书，第 452 页。

③ 罗尔斯对"正义感的善"的论证殊为复杂，笔者这里借鉴了弗里曼的重构。［Cf. Freeman, Samuel，2003，"Congruence and the Good of Justice"，in *The Cambridge Companion to Rawls*，Samuel Freeman（ed.），Cambridge University Press，pp.277—296］

④ Rawls, John，1996，*Political Liberalism*（Expanded Edition），Columbia University Press，pp.xv—xvi.

分依赖。①现代社会是一个价值多元的社会，即便排除一些极端的宗教原教旨主义观点，人们仍信奉不同但却合理的哲学、伦理学和宗教观点，这就是"合理多元论的事实"(fact of reasonable pluralism)。某种正义观念如若过分依赖某种特定整全性学说(comprehensive doctrine)②，就无法在不同整全性学说之间保持中立。由于不能获得信奉不同整全性学说的人们的广泛支持，这样的正义观念就不具有稳定性。《正义论》第 86 节对于"正义感的善"的论证过分依赖康德伦理学关于人的本性的观点。人们认为"按照正义感而行是善的"是因为选自原初状态的正义原则表达了人们自由而平等的本性。但除康德学说之外，大多数整全性学说并不把表达自由平等人的本性作为最高的价值，例如道德实在论者(moral realists)认为道德价值是客观秩序的一部分，他们通过直觉感知到这些价值。作为公平的正义指导的良序社会是一个自由的社会，人们信奉不同的整全性学说，而对于"正义感的善"的论证却假定每个人都是康德主义者，这就是罗尔斯所说的《正义论》关于稳定性论证中的不一致。

为克服这种不一致，罗尔斯在《政治自由主义》中提出了"重叠共识"(overlapping consensus)这一理念。"重叠共识"的焦点仍是某种正义观念，如罗尔斯的作为公平的正义。为了在不同整全性学说之间保持中立，原初状态模拟的自由平等人的理念和作为公平合作体系的社会理念不是某种整全性学说特有的，而是采自自由民主社会的公共政治文化。如此一来，诉诸原初状态对罗尔斯正义原则的论证就能够在不同整全性学说之间保持中立。"重叠共识"如何发生呢？在各种整全性学说之间保持中立的正义观念就好比一个模块(module)，这个模块可以与不同的整全性学说对接，不同整

① 弗里曼最早明确提出这一解读，罗尔斯对弗里曼的解读表示赞同。[Cf. Rawls, John, 1996, *Political Liberalism* (Expanded Edition), Columbia University Press, p.388]
② 整全性学说是指一整套价值体系，不但包括政治价值，还包括其他关于生活的所有价值。按照所涵盖价值的范围，整全性学说有完全和不完全之分。[Cf. Rawls, John, 1996, *Political Liberalism* (Expanded Edition), Columbia University Press, p.13]

全性学说的信奉者出于不同的道德理由支持正义原则。例如康德主义者可以出于表达自由平等人的本性的欲望支持作为公平的正义,而道德实在论者可以将作为公平的正义看作客观道德秩序的一部分。"重叠共识"对稳定性的论证摆脱了对某种特定整全性学说(如康德学说)的依赖。

"近而远之说"将罗尔斯和康德的思想关联描述为先是靠近然后疏离两个阶段。罗尔斯在提出作为公平的正义之后,对其进行了康德式的阐释,并据之来论证罗尔斯正义原则的稳定。随后,与合理多元论的事实的遭遇让罗尔斯意识到其前期正义理论对康德学说的过度依赖。正是疏离康德的紧迫性推动罗尔斯进行政治自由主义转向,重叠共识对稳定性的论证不诉诸包括康德学说在内的任何一种整全性学说。"近而远之说"与罗尔斯自己对他与康德思想渊源的反思相符,是关于两者思想关联的正统理论。"貌合神离说"和"行合趋同说"都可视为对"近而远之说"的挑战或修正。

第二节　"貌合神离说"
——对康德道德心理学的误读

"貌合神离说"认为,罗尔斯在《正义论》第 40 节对作为公平的正义的康德式阐释是对康德的根本误解,罗尔斯的正义理论在精神实质上与康德伦理学迥然不同。既然从未接近,罗尔斯后期对康德的疏离更是无从谈起。约翰逊是"貌合神离说"最重要的辩护者,他关于这一问题与达沃尔(Darwall, Stephen L.)在《伦理学》杂志上有过一场交锋。

约翰逊指出:"康德的自律和他律这对概念关乎引导人们行动的两类相异动机。意志的他律即是说人们的行为由欲望或爱好激发,人们采取行动是因为人们想得到某种对象。而当意志是自律的时,人们行为的动机是对道德法则的敬重,在这些行为中我们的渴望和爱好不发挥任何作用。"①上文指出,罗尔斯在对其正义理论的康德式阐释中认为,人们对正义原则的选择如果受到他们的自然禀赋、家庭出身或生活计划等偶然因素的扭曲,就只能选出他律原则。由于无知之幕屏蔽了这些信息,人们的选择行为就是他们自由而平等的本性的表达,选出的正义原则必定是自律原则。约翰逊反驳说,无知之幕并没有改变人们的自利动机,而只是改变了人们进行自利选择的条件。人们虽然不知道自己的特殊目标和欲求,但他们仍是在信息匮乏的状况下选择能够促进每个人利益的正义原则。"康德会毫不迟疑地将罗尔斯说成是自律的行为贴上他律的标签。"②

达沃尔在反驳约翰逊时紧紧抓住罗尔斯关于两种视角的区分。罗尔斯指出:"原初状态中的人们的动机,决不可混同于那些在日常生活中接受将被选择的原则并有相应的正义感的人们的动机。"③原初状态中的人们的动机是选择对自己有利的正义原则,只是由于无知之幕的作用,人们无法选择只对自己有利的正义原则,而只能选择对大家都有利的正义原则。他们的选择的确是他律的。但这并不表明那些处于原初状态之外的人在遵照正义原则而行时也是他律的。普通人愿意按照选自原初状态的正义原则去行动,这一动机本身不是他律的。④

约翰逊在回应中辩称他的文章仅讨论原初状态中人们的选择,所以现实中人们选择遵从正义原则的动机与他的讨论无关。⑤然而,约翰逊的回应是在避重就轻。原初状态只是为探讨正义问题而设计的思想实验,处于无知之幕

① Johnson, Oliver A., 1974, "The Kantian Interpretation", *Ethics*, Vol.85, No.1, pp.60—61.

② Ibid., p.62.

③ [美]约翰·罗尔斯:《正义论》(修订版),何怀宏、何包钢、廖申白译,中国社会科学出版社 2009年版,第 114 页。

④ Cf. Darwall, Stephen L., 1976, "A Defense of the Kantian Interpretation", *Ethics*, Vol.86, No.2, p.166.

⑤ Cf. Johnson, Oliver A., 1977, "Autonomy in Kant and Rawls: A Reply", *Ethics*, Vol.87, No.3, p.252.

之后的人只是一种虚拟人,一旦将原初状态中人的视角和现实中人的视角区分开来,更重要的问题显然是现实中人们选择遵从正义原则是否一种自律行为。约翰逊在这一更重要问题上的态度是含混的。一方面,他承认现实中的人选择遵从罗尔斯正义原则的行为可能是自律的;另一方面,他又认为根据康德的理论,达沃尔描述的现实生活中的选择与原初状态中的选择同样是他律的。①

另一位"貌合神离说"的支持者梅森对这一问题进行了深入讨论。梅森指出,即便现实中人有正义感,若要证明他们遵从选自原初状态的正义原则是康德式的,仅仅指出他们尽力去遵照正义原则行动是不够的,还要表明他们是按照康德的方式去思考正义问题的。然而,当现实生活中的人采纳选自原初状态中的正义原则时,他们也以原初状态中的自利者的算计为指导,他们思考正义的方式很难说是康德式的。②梅森这里的意思是说,由于正义原则是原初状态中人们利己选择的结果,这一利己选择的他律性会传导到原初状态之外人们采纳正义原则的行为中,现实生活中的人遵从正义原则的动机必然也是他律的。"貌合神离说"认为,当现实中人们思考"他们若身处原初状态中会作何利己选择"时,他们的动机牵涉到对自身利益的考虑,而按照康德伦理学这就是一种他律行为。

随着罗尔斯后期将政治观念独立于包括康德学说在内的所有整全性学说,《正义论》对"作为公平的正义的康德式阐释"是否成立的问题也就被搁置了。③

---

① Cf. Johnson, Oliver A., 1977, "Autonomy in Kant and Rawls: A Reply", *Ethics*, Vol. 87, No. 3, pp. 252, 254.

② Cf. Mason, H. E., 1976, "On the Kantian Interpretation of Rawls' Theory", *Midwest Studies in Philosophy*, Vol. 1, No. 1, pp. 51—52.

③ 罗尔斯在转折期的《道德理论中的康德式建构主义》一文中指出,约翰逊仅仅由于现实中人们也是出于欲望而行动就将他们的行为看作他律的,混淆了不同种欲望,现实中人们遵从正义原则而行动的欲望不同于自然偏好。值得强调的是,罗尔斯此时已将原初状态中代表的最高利益重置为发展和运用两种道德能力(善观念能力和正义感能力)。"这些利益可被看作他们作为道德人的利益,因而代表的目标不是利己的,而是完全适当的。"由于梅森的质疑以代表出于自利动机而选择正义原则为前提,所以罗尔斯对代表动机的重置没能打消梅森的质疑,而仅仅是取消了梅森的质疑所依赖的前提。[Cf. Rawls, John, 2001, *Collected Papers*, Samuel Freemon(ed.), Harvard University Press, pp. 319—320]

幸赖学界对康德伦理学研究的不断深入,我们今天可望有更多证据审结这一思想史公案。约翰逊和梅森的指责依赖对康德道德心理学的如下阐释:康德认为自律行为的动机不能包含任何关于需求和爱好的考虑。这是一种对康德伦理学的悠久的误解,这一误解已经被学界对康德伦理学的新近研究(包括罗尔斯自己在《道德哲学史讲义》中对康德的讨论)充分澄清。约翰逊和梅森在谈及康德伦理学时,他们依据的文本仅限于康德的《道德形而上学奠基》(以下简称为"《奠基》")。①长久以来,人们都是通过《奠基》了解康德伦理学,大多数康德伦理学的介绍性著作也是以《奠基》的结构来写作,《奠基》对于康德义务论进路伦理学的传播功不可没。但至少在道德心理学问题上,《奠基》的很多论述即便不是错误的,也至少是容易引人误解的。②《奠基》在道德心理学上秉持一种亨森(Henson, Richard G.)所说的"战斗嘉奖状模式"(battle-citation model)③:一方是纯粹理性立法的道德动机,另一方是感性欲求和爱好,两者是一种非此即彼、你死我活的斗争关系。"主观原因(指一切偏好、爱好和自然倾向。——引者注)对之越少赞成、越多反对,就越是证明一个义务中诫命的崇高和内在尊严。"④"爱好本身,作为需要的来源,远不具有它们被希求的那样一种绝对价值,毋宁说,完全摆脱它们倒必定是每个理性存在者的普遍愿望。"⑤《奠基》的严峻主义倾向很大程度上可归因于康德的写作动机上。《奠基》作为一本论战性著作,旨在反驳当时流行的幸福论和将道德奠基于人性之上的倾向。⑥康德对于道德动机

---

① 梅森虽未直接引用康德的任何文本,但从其行文可以看出他对康德伦理学的理解来自《奠基》,例如他将康德自律的要求形容为"严厉的"(austere)。(Mason, H. E., 1976, "On the Kantian Interpretation of Rawls' Theory", *Midwest Studies in Philosophy*, Vol.1, No.1, p.51)

② Cf. Allison, Henry E., 2011, *Kant's Groundwork for the Metaphysics of Morals: A Commentary*, Oxford University Press, p.342.

③ Henson, Richard G., 1979, "What Kant Might have Said: Moral Worth and the Overdetermination of Dutiful Action", *The Philosophical Review*, Vol.88, No.1, p.51.

④ [德]伊曼努尔·康德:《道德形而上学奠基》,杨云飞译,人民出版社 2013 年版,第 58 页。

⑤ 同上书,第 62 页。

⑥ Cf. Allison, Henry E., 2011, *Kant's Groundwork for the Metaphysics of Morals: A Commentary*, Oxford University Press, p.37.

和感性动机对立性的强调有矫枉过正之嫌,往往给人以道德完全罔顾感性欲求之感。

康德在后期著作中纠正了之前的偏颇之论,他在《纯然理性界限内的宗教》(以下简称为"《宗教》")中指出:"自然的偏好就其自身来看是善的,也就是说,是不能拒斥的。企图根除偏好,不仅是徒劳的,而且也是有害的和应予谴责的。"①康德这里对自然偏好的价值的肯定与《奠基》中"完全摆脱它们倒必定是每个理性存在者的普遍愿望"的说法恰成反对。②既然自然的偏好本身不再是道德恶的来源,康德就要抛弃他的道德心理学的"战斗嘉奖状模式"。康德转而认为道德动机和自爱动机是可以兼顾的,只要正确处理两者的主从关系即可。"人是善的还是恶的,其区别必然不在于他纳入自己准则的动机的区别(不在于准则的这些质料),而是在于主从关系(准则的形式),即他把二者中的哪一个作为另一个的条件。"③罗尔斯在 2000 年出版的《道德哲学史讲义》中也着重探讨了康德改进后的道德心理学。④他指出:"道德恶不来自于带有自然欲求的坏的自我,而只在于自由选择能力,自由选择能力可以改变倾向的道德秩序,决定什么算作行为抉择的适当理由。"⑤事实上,只有等到康德在《道德形而上学》中明确区分了"意志"和"任性"之后,他的道德心理学才最终完成。意志确立道德法则,"既不能被称为自

① [德]伊曼努尔·康德:《康德著作全集》第 6 卷,张荣、李秋零译,中国人民大学出版社 2007 年版,第 57 页。

② Cf. Korsgaard, Christine M., 2009, *Self-Constitution*, Oxford University Press, p.154.

③ [德]伊曼努尔·康德:《康德著作全集》第 6 卷,张荣、李秋零译,中国人民大学出版社 2007 年版,第 36 页。

④ 据讲义的"编者前言",罗尔斯讲授的康德伦理学课程的内容在 1987 年前后有显著改变。1987 年以前罗尔斯主要讲授康德的《奠基》,1987 年之后《奠基》的分量锐减,罗尔斯增加了其他内容,其中就包括《宗教》中的道德心理学。[Cf. Rawls, John, 2000, *Lectures on the History of Moral Philosophy*, Barbara Herman(ed.), Harvard University Press, pp.xiii—xiv]值得指出的是,罗尔斯此时已开始将其正义理论从包括康德学说在内的各种整全性学说中分离出来。所以,尽管康德在《宗教》中的道德心理学能够为《正义论》中的"康德式阐释"提供一个更好的辩护,罗尔斯此时已经不需要这一辩护了。

⑤ Rawls, John, 2000, *Lectures on the History of Moral Philosophy*, Barbara Herman(ed.), Harvard University Press, p.305.

由的也不能被称为不自由的",而"任性在人里面是一种自由的任性",决定行为的准则。①道德上的善恶端赖人在行使任性时,是将符合道德法则设定为满足欲求的约束条件,还是为了满足偏好而随时准备违背道德的要求。

　　带着对康德道德心理学的新的认识,我们再来评估罗尔斯对作为公平的正义的康德式阐释。处于原初状态中的人抱着自利的动机选择正义原则,无知之幕只是改变了他们进行自利选择的条件,而没有改变他们的自利动机本身,他们的选择行为因而是他律的,这是无论约翰逊、梅森还是达沃尔都同意的。然而,作为处于原初状态之外的现实生活中的人,如果他们选择遵照选自原初状态的正义原则而行,他们就同时抱有两种动机:一种是获得社会合作的利益的动机,这一动机与原初状态中人们的动机是相同的;另一种是遵守从一种公平的处境中选出的正义原则的动机,这一动机体现在无知之幕的设置上。现实生活中人们有一个生活计划要完成,他们需要社会合作带来的利益。但是,他们不希望以一种损人利己的方式获得利益,而是希望以一种互惠的方式获取社会合作的利益。这实际上就是将第二种动机置于第一种动机之上,构成第一种动机的约束条件。"当我们有意识地在日常生活中按照正义原则而行动时,我们就有意识地接受了原初状态的限制。"②这样的动机结构与康德在《宗教》中修正后的道德动机结构完全对应。在康德那里,道德行为或自律不需要人们如苦行僧一般祛除所有的感性欲望,而只要求人们的自爱动机处于道德动机的约束之下。在罗尔斯这里,现实中人们获得社会合作利益的动机受到他们想要实现一种公平的社会合作的动机的约束,他们遵从正义原则的行为完全符合康德对自律的描述。以约翰逊和梅森为代表的"貌合神离论者"的失误在于他们仅仅从《奠

---

① ［德］伊曼努尔·康德:《康德著作全集》第 6 卷,张荣、李秋零译,中国人民大学出版社 2007 年版,第 233 页。

② ［美］约翰·罗尔斯:《正义论》(修订版),何怀宏、何包钢、廖申白译,中国社会科学出版社 2009 年版,第 198 页。

基》去了解康德伦理学,因而对康德的道德心理学形成了一种严峻主义的片面印象。其实,从《宗教》中经过修正的更为和婉的观点观之,现实中人们遵从选自原初状态的正义原则的行为符合康德的自律行为的标准。

第三节　"行合趋同说"
——走向去伦理化的政治哲学

上一节通过批评"貌合神离说"对康德道德心理学的误读,证明了罗尔斯对其前期正义理论的康德式阐释的合理性。笔者提出的"行合趋同说"认为罗尔斯的整个政治思想发展历程和康德的学说是一种渐近关系,这就还须论证罗尔斯后期政治哲学与康德哲学在某种意义上比前期更为接近,也就是要反驳"近而远之说"对后期罗尔斯与康德思想疏离性的描述。

"近而远之说"认为后期罗尔斯远离康德是因为《正义论》中对正义原则稳定性的论证过度依赖康德伦理学。如前文所述,《正义论》第86节对于"正义感的善"的论证假定良序社会中人们都认可康德的伦理学价值。后来,罗尔斯逐渐意识到合理多元论的事实。康德的学说是整全性道德观点,自律的理想在整个生活中都发挥调控作用。[1]在现代多元社会中,康德学说只是诸多整全性学说之一种,如果将正义观念奠基于其上,就无法获得信奉不同整全性学说的公民的广泛支持,这将导致罗尔斯的正义观念缺乏稳定性。罗尔斯引入重叠共识的理念,他的正义原则作为一个"模块"可以与不同的整全性学说对接,正义原则本身则不依赖于包括康德学说在内的任何一种整全性学说。通过远离康德,罗尔斯实现了政治自由主义转向。

"近而远之说"预设康德有一个包含伦理价值和政治价值的整全性学

---

[1] Cf. Rawls, John, 1996, *Political Liberalism*(Expanded Edition), Columbia University Press, p.99.

说，这种对康德学说的解读符合人们对于伦理学和政治哲学关系的传统理解。传统上，政治哲学被看作是伦理学在政治领域的应用和延伸，这一理解框架影响了人们对康德伦理学和法权论关系的解读。①康德的法权的普遍原则被看作是康德伦理学某个命令式（尤其是"普遍性公式"）的引申。②随着当代学者对康德后期著作《道德形而上学》的研究的深入，人们对康德伦理学和法权论关系的刻板印象得到了纠正。伍德（Wood，Allen W.）令人信服地论证了康德的法权论原则并不是引申自他的某条伦理学原则，而是具有独立性。康德指出"至上的法权原则是一个分析命题"③。康德的法权原则仅仅是对"法权"概念的解释，伍德认为这是论证康德的法权普遍原则不是从康德伦理学原则中引申而来的最好证据。④基于此，伍德认为当代政治哲学中对政治哲学议题的基于《奠基》的康德式处理，与康德自己处理这些议题的方式大相径庭，原因在于康德"法权论"所涵盖的领域完全外在于《奠基》和《实践理性批判》。⑤博格（Pogge，Thomas）也认为康德虽然有伦理学和法权论，但他的这两个理论部分并不统合于一个整全性学说，康德的法权论有其独立性，康德并没有罗尔斯归之于他的整全性学说。⑥

既然罗尔斯后期疏离康德是基于对康德的误解，"近而远之说"中的"远

① 泰勒在他从康德立场重构罗尔斯的著作中延续了这一解读框架。（Taylor，Robert S.，2011，*Reconstructing Rawls*，The Pennsylvania State University Press，p.14）
② 康德法权的普遍原则是："任何一个行动，如果它，或者按照其准则每一个人的任性的自由，都能够与任何人根据一个普遍法则的自由共存，就是正当的。"（［德］伊曼努尔·康德：《康德著作全集》第 6 卷，张荣、李秋零译，中国人民大学出版社 2007 年版，第 238 页）康德伦理学的普遍性公式是："你要仅仅按照你同时也能够愿意它成为一条普遍法则的那个准则去行动。"（［德］伊曼努尔·康德：《道德形而上学奠基》，杨云飞译，人民出版社 2013 年版，第 52 页）
③ ［德］伊曼努尔·康德：《康德著作全集》第 6 卷，张荣、李秋零译，中国人民大学出版社 2007 年版，第 409 页。
④ Cf. Wood，Allen W.，2022，"The Final Form of Kant's Practical Philosophy"，in *Kant's Metaphysics of Morals：Interpretative Essays*，Mark Timmons（ed.），Oxford University Press，p.7.
⑤ Ibid.，p.9.
⑥ ［美］涛慕思·博格：《康德、罗尔斯与全球正义》，刘莘、徐向东等译，上海译文出版社 2010 年版，第 65—94 页。

之"一说就殊为可疑。实际上,罗尔斯后期对康德伦理学的远离同时也是从另一个方向上接近康德,即向"将政治理论独立于伦理学"这样一种政治哲学方法的接近。吊诡之处在于,罗尔斯作为政治哲学的当代复兴者,受到的康德哲学影响主要来自康德的伦理学,而非他的政治哲学。[1]在罗尔斯转向的 20 世纪 80 年代,学界对康德法权论的研究尚不深入。如果罗尔斯能够对康德法权论在其体系中的独立性有清晰的认识,他一定会看到他后期将政治哲学从整全性学说中独立出来的做法与康德独立于伦理学建立法权论的做法有相似之处。如若如此,他也就不会将他的后期转向看作是远离康德,而会将其视为从另一个维度上(即政治哲学方法论维度)接近康德。伍德认为与其伦理学的脱离是康德法权论的一个巨大优点,这样,康德的法权论就可以在一个很多人都不是康德主义者的社会中得以应用。[2]而这正是罗尔斯在面对合理多元论的事实时,独立于特定整全性学说建构正义观念的初衷。

将政治哲学从伦理学中独立出来这一方法论共识对罗尔斯和康德的政治理论都产生了一个类似的影响,那就是更少关注经济的不平等。较之于传统自由主义,罗尔斯前期正义理论的特色在于更为关注经济不平等。罗尔斯的差别原则以收入和财富的平等分配为基准点,要求任何经济的不平等都要能够最大化社会最不利者的利益。差别原则激进的平等主义倾向使其备受争议。除了诉诸原初状态中人们的选择的社会契约论论证外,罗尔斯还从康德伦理学中寻找支持差别原则的理由。康德伦理学的人性公式要求:"你要这样行动,把不论是你的人格中的人性,还是任何其他人的人格中的人性,任何时候都同时用作目的,而绝不只是用作手段。"[3]罗尔斯认为:

---

① Cf. Freeman, Samuel, 2007, *Rawls*, Routledge, p.22.

② Cf. Wood, Allen W., 2022, "The Final Form of Kant's Practical Philosophy", in *Kant's Metaphysics of Morals: Interpretative Essays*, Mark Timmons(ed.), Oxford University Press, p.10.

③ [德]伊曼努尔·康德:《道德形而上学奠基》,杨云飞译,人民出版社 2013 年版,第 64 页。

"差别原则解释了把人仅仅作为手段和同时也作为目的本身之间的区分。在社会的基本设计中把人们视作自在的目的就是要同意放弃那些不能有助于每个人的期望的利益。相反,把人们视作手段就是准备为了别人的较高期望而把负担加在那些已经处在不利地位、且有较低生活前景的人们身上。"①罗尔斯认为"把人们视作目的"要求在社会经济领域实行差别原则。②

如果与康德"人性公式"对应的经济领域分配原则是差别原则,那么随着罗尔斯后期将政治哲学从康德伦理学中摆脱出来,他对差别原则的论证也必然削弱。虽然罗尔斯仍然相信作为公平的正义是最为合理的正义观念,但他同时承认其他自由主义正义观念也可能获得人们的支持。理想的状态是一族(而不是一种)自由主义的正义观念获得不同人们的支持,作为公平的正义只是其中颇具平等主义倾向的一种。③既然人们不再能够就正义观念达成共识,罗尔斯需要找到一个更薄的公共证成的基础,罗尔斯由此从社会正义议题转向政治合法性(political legitimacy)议题。合法性要求政治权力的行使符合一部宪法,宪法要件(constitutional essentials)要合理期待能够得到自由而平等的公民的赞同。④由于大多数自由主义正义观念所包含的经济分配原则都比差别原则容忍更多的经济不平等,不能合理期待差别原则能够得到自由而平等的公民的一致赞同。罗尔斯认为差别原则难以满足,因而不将其纳入宪法要件中。⑤最终,宪法要件虽然包括满足公民

---

① [美]约翰·罗尔斯:《正义论》(修订版),何怀宏、何包钢、廖申白译,中国社会科学出版社 2009年版,第 139—140 页。

② 对于康德"人性公式"和罗尔斯差别原则的关系,从"左"和"右"的方面都可以批评。科恩可能会认为社会最有利者要求经济激励才肯为最不利者的利益有所贡献,前者没有将后者当作目的对待;诺奇克则会认为差别原则将有才能的人当作增加没有才能的人的福利的工具。(Cf. Cohen, G. A., 2008, *Rescuing Justice and Equality*, Harvard University Press, Chap.1;亦参见[美]罗伯特·诺奇克:《无政府、国家和乌托邦》,姚大志译,中国社会科学出版社 2008年版,第 226—237 页)笔者这里假定差别原则对康德"人性公式"的阐释是可信的。

③ Rawls, John, 1996, *Political Liberalism*(Expanded Edition), Columbia University Press, p.6.

④ Ibid., p.137.

⑤ Ibid., pp.228—229.

基本需求的社会最低保障的规定，但不包含任何其他经济分配原则。摆脱
包括康德学说在内的所有整全性学说建立政治哲学必然使得作为对康德
"人性公式"在经济分配原则上的阐释的差别原则不能获得普遍赞同。为了
达致公共证成，罗尔斯政治哲学较之前期激进平等主义立场有明显后退。

康德法权论不问关涉人的内在自由的伦理问题，只关注人们的外在自
由的相容性问题。国家通过强制力保障人们平等地享有相容的外在自由。
康德认为只有按照原始契约的理念才能设想国家的合法性。根据原始契
约，人们放弃野蛮的、无法的自由，以便获得法权状态中的自由。①原始契约
"约束每个立法者，使他制定的法律仿佛能够从整个民族的联合意志中产生
出来，并且将每个臣民（只要他愿意成为公民）都视同仿佛也同意了这样的
一种意志，因为这是一切公法的合法性之试金石"②。作为康德政治合法性
之试金石的臣民在原始契约中的同意和罗尔斯自由主义的合法性原则中的
"自由而平等的公民的赞同"显然具有相似性。与罗尔斯关注合法性问题后
从平等主义立场上的后退对应的是，康德的法权论几乎不涉及对经济分配
议题的讨论。康德法权论中关于收入再分配的唯一一处论述类似于罗尔斯
所说的作为宪法要件的最低生活保障，康德指出："政府有权强迫富人提供
维持那些在最必要的自然需求上不能自己维持自己的人的资金。"③除此之
外，康德在法权论中容忍任何程度的经济不平等，他在《论俗语所谓：这在理
论上可能是正确的，但不适于实践》（以下简称为"《论俗语》"）中认为人们
"在财产的数量与等级方面的最大不平等"并不妨碍"在一个国家里作为其
臣民的人的这种一体平等"④。

---

① ［德］伊曼努尔·康德：《康德著作全集》第 6 卷，张荣、李秋零译，中国人民大学出版社 2007 年
版，第 326 页。
② ［德］伊曼努尔·康德：《康德历史哲学论文集》，李明辉译注，广西师范大学出版社 2020 年版，
第 111 页。
③ ［德］伊曼努尔·康德：《康德著作全集》第 6 卷，张荣、李秋零译，中国人民大学出版社 2007 年
版，第 337 页。
④ ［德］伊曼努尔·康德：《康德历史哲学论文集》，李明辉译注，广西师范大学出版社 2020 年版，
第 105 页。

由于康德没有一个立基于其伦理学基础上的前期法权论来跟《道德形而上学》及政治论文中的法权论做对比，我们不能说康德在平等主义立场上有所后退。然而，康德在伦理学著作中也包含有一些关于财产的论述，我们可以推测这些论述会支持一种什么样的政治理论。康德在《伦理学讲义》中有如下评论："因为金钱让我们独立，我们最终变得依赖金钱；既然金钱让我们免于他人束缚，它让我们受其自身奴役。……财富只会让一个人的状况高贵，但却不会让这个人自己高贵。所以蔑视财富对知性来说是高贵的，而财富只是表面上高贵。"①我们可以将这段话与以下《论俗语》中的一段话进行对比阅读："[财产]他都可以传下去，且因此经过数代子孙之后，他可以在一个共同体底成员当中造成一种财富状况上的显著不平等……；但是他不可妨碍这些成员跻升到同样状况之权限。"②康德在《伦理学讲义》中反对人们过度追求金钱，如果康德从这一见解出发发展出一个政治哲学理论，他显然不会赞同财富的大量聚集和极大的不平等。形成鲜明对比的是，康德在《论俗语》中却并未对人们积累财富的行为进行道德评判，而只是从外在自由的角度申明人们有积累财富的平等权利。这种对比表明康德在其政治哲学著作中有意规避对财富分配问题进行道德评判，其结果是对于更大程度经济不平等的容忍。③

罗尔斯把康德学说错认为一个整全性学说，故而将他自己在《政治自由主义》中脱离特定整全性学说建构正义观念的做法看作是对康德的远离。

---

① Kant, Immanuel, 1997, *Lectures on Ethics*, Peter Heath（trans.），Cambridge University Press，pp.166—167.

② ［德］伊曼努尔·康德：《康德历史哲学论文集》，李明辉译注，广西师范大学出版社 2020 年版，第 107 页。

③ 达沃尔指责康德在其政治论文中对经济不平等的容忍"没有足够重视他自己的道德哲学的政治含义"。［Darwall, Stephen L., 1980, "Is There a Kantian Foundation for Rawlsian Justice?," in *John Rawls' Theory of Social Justice: An Introduction*, H. Gene Blocker and Elizabeth H. Smith（eds.），Ohio University Press，p.330］达沃尔显然没有注意到康德的政治理论并非奠基于其伦理学。不过，达沃尔的指责从另一方面也说明如果康德从其伦理学中引申出一种政治哲学理论，这种政治哲学理论一定会比康德的法权论对经济不平等有更多调节。

而正如伍德和博格所论,康德在建立法权论时有意脱离其伦理学。以此观之,罗尔斯后期对康德伦理学的远离在一个更深的层面上是对康德实践哲学体系结构的一种接近。政治理论特重现实性和可行性,而经济分配又是一个歧见纷纭的议题,这就促使罗尔斯后期政治哲学和康德法权论在经济平等问题上趋于保守。远离伦理学对罗尔斯和康德政治思想的具体内容产生了一个共同的影响,即对经济不平等的较少关注。

小　结

在将马克思的观点和方法和罗尔斯的政治思想直接交锋之前,本章首先探讨罗尔斯政治思想的康德基础。截至目前,关于罗尔斯和康德思想关联问题,学界主要有"貌合神离说"和"近而远之说"两种。"貌合神离说"认为罗尔斯的政治哲学从一开始就与康德的思想有原则上的区别,罗尔斯在经验主义框架下阐释康德伦理学的尝试是失败的。"近而远之说"虽认为罗尔斯的前期政治思想与康德相近,但为应对合理多元论挑战,罗尔斯后期与康德划清了界限。在笔者看来,无论前期和后期,罗尔斯的政治哲学都能在康德实践哲学那里找到很深的渊源,罗尔斯自始至终都是一个康德主义者。

我们知道,马克思在青年时期也深受康德道德思想的影响,从道德原则出发挞伐社会现实。例如马克思在《评普鲁士最近的书报检查令》中指出"根据这一检查令,书报检查应该排斥像康德、费希特和斯宾诺莎这样一些道德领域的思想巨人,因为他们不信仰宗教,并且要损害礼仪、习俗和外表礼貌。所有这些道德家都是从道德和宗教之间的根本矛盾出发的,因为道德的基础是人类精神的自律,而宗教的基础则是人类精神的他律"①,马克

---

① 《马克思恩格斯全集》第 1 卷,人民出版社 1995 年版,第 119 页。

思这里将道德与自律相等同显然是受到康德观点的影响。马克思后来否定了从道德观念出发批评现实的方法，改从社会历史的角度分析资本主义社会发展的内在矛盾。探索罗尔斯政治思想的康德基础，然后再从马克思主义立场对其加以批判，与马克思对自己的"康德时期"的批判恰成呼应。

第三章
罗尔斯基本需求原则的困境及其解决

第一节　基本需求原则的提出

在《马克思主义、道德和社会正义》一书中，佩弗试图建构一种马克思主义的社会正义理论。佩弗并不是从零开始建构，而是借鉴了罗尔斯的正义理论。佩弗认为，从马克思主义的视角来看，罗尔斯的社会正义理论虽不适当，却也有可取之处，只要以罗尔斯的正义理论为底本，加以适当修正，完全可以发展出一套适当的马克思主义的社会正义理论。佩弗对罗尔斯理论的修正之一就是在罗尔斯的两个正义原则之上，加上一个最低底线原则（minimum floor principle），该原则保障所有人都能达到不低于某一最低限度的福利水平。①

佩弗的修正是针对罗尔斯在第一版《正义论》中提出的两个正义原则而做出的，罗尔斯在后来的著作中肯定了佩弗的修正建议。在《政治自由主义》中，他说："在涵盖平等基本权利和自由的第一原则之上，无疑应当加上一条词典优先原则，这一原则要求公民的基本需求（basic needs）得到满足，至少当这些基本需求的满足对于公民理解和能够有效地行使这些权利和自

---

① Peffer, Rodney G., 1990, *Marxism*, *Morality*, *and Social Justice*, Princeton University Press，pp.13—14.

由来说是必须的时。"罗尔斯认为,任何正义第一原则的运用都预设了这一基本需求原则。①罗尔斯在《作为公平的正义——正义新论》的一个脚注中,对基本需求原则作了大致相同的简略讨论。②就笔者所知,罗尔斯对基本需求原则的讨论只有以上两处,而且都很简略。至于基本需求的具体内容,以及基本需求原则同罗尔斯著名的两个正义原则之间的关系问题,罗尔斯并未详加探讨。

要讨论罗尔斯的基本需求原则,首先要弄清楚基本需要所包含的是公民的哪些需求。很遗憾,关于基本需求的内容,罗尔斯在《政治自由主义》和《作为公平的正义——正义新论》这两本书中都没有具体规定。③我们只能从罗尔斯的相关论述中推断出基本需求的具体内容。在《政治自由主义》中,当谈到宪法要件和基本的正义问题(questions of basic justice)的区别时,罗尔斯认为,保障公民基本需求得到满足的社会最低额(social minimum)属于宪法要件,而差别原则则属于基本正义问题。他说:"尽管为所有公民的基本需求提供保障的社会最低额是一个宪法要件,但我所称的'差别原则'却更为苛刻,它也不是一种宪法要件。"④我们知道,差别原则调节的是经济利益的分配,从语境上看,罗尔斯在这里将满足公民基本需求的社会最低额同差别原则对比讨论,暗示了社会最低额是一种对最低收入水平的规定,而公民基本需求也就是一种可以通过经济手段得到满足的需求。合理

---

① Rawls, John, 1996, *Political Liberalism* (Expanded Edition), Columbia University Press, p.7.
② [美]约翰·罗尔斯:《作为公平的正义——正义新论》,姚大志译,中国社会科学出版社 2011 年版,第 58 页。
③ 罗尔斯在《万民法》中对公民的基本需求有过一个定义:基本需要在我这里大体上指的是那样一些需要,即如果公民要所处在能够利用社会所提供的权利、自由和机会的地位的话,必须被满足的需要。这些需要既包括制度权利和自由,又包括经济手段。(Rawls, John, 1999, *The Law of Peoples*, Harvard University Press, p.38)但由于《万民法》讨论的是国际正义问题,而罗尔斯认为国内正义原则和国际正义原则不具有一致性,故而笔者不探讨罗尔斯在《万民法》中对公民基本需求的相关论述。
④ Rawls, John, 1996, *Political Liberalism* (Expanded Edition), Columbia University Press, pp.228—229.

的解释是,基本需求是指公民的基本物质生活需求,这一需求的满足以一定的经济收入水平来衡量。当然,基本物质生活需求的标准随不同的文化背景、不同的社会发展阶段而变化,但就某一特定社会的特定发展阶段而言,基本物质生活需求的标准是可以确定的。这也是罗尔斯将其列为宪法要件的原因,因为与基本的正义问题相比,宪法要件的一个特点就是更容易达成广泛的共识,其是否实现也更容易辨别。①

　　上一段的分析表明,虽然罗尔斯本人在讨论国内正义时,并未具体规定公民的基本需求的具体内容,但通过对他的相关论述的分析,我们可以推知,罗尔斯所谓的基本需求,指的就是公民的基本物质生活需求。相信读者对这一结论不会觉得奇怪,因为把基本需求理解为可以通过经济手段来满足的基本物质生活需求是很自然的。我想强调一点,以下论证并不预设"基本需求仅仅包含基本物质生活需求"这一前提,以下论证只预设"基本需求包含基本物质生活需求"这一较弱的前提。如果有些读者认为罗尔斯所谓的基本需求,除公民的基本物质生活需求外,还包括其他需求,本章仍然值得他继续读下去。

　　这里将基本需求理解为公民的基本物质生活需求,这一需求可以通过经济手段得到满足。罗尔斯似乎认为在运用两个正义原则之先,首先满足公民的基本需求是显而易见、无需多言的。他也从未将基本需求原则与他著名的两个正义原则一同列出来。由于笔者的意图就是要探讨基本需求原则的引进在罗尔斯的正义理论中所引起的困难以及困难的可能解决方案,为方便起见,我将基本需求原则和两个正义原则一同列出如下:

　　基本需求原则:在运用两个正义原则之前,应首先保证公民的基本物质生活需求得到满足,满足的标准以某一最低经济收入额度来衡量;

　　正义第一原则:对于完全充分的平等的基本权利和自由体系,当这一体

---

① Rawls, John, 1996, *Political Liberalism* (Expanded Edition), Columbia University Press, p.230.

系与所有其他人的相同体系能够共存时,每个人对这一体系都有平等的权利要求;在这一体系中,有且仅有平等的政治自由的公平价值得到保障(平等自由原则);

正义第二原则:社会和经济的不平等要满足两个条件:第一,与这些不平等相联系的地位和职位,在机会的公平平等的条件下,要对所有人开放(机会的公平平等原则);第二,这些不平等要使社会最不利成员获得最大收益(差别原则)。①

第二节 基本需求原则所引起的困难

看起来理所当然的基本需求原则,在引入之后却会与差别原则之间产生冲突。其症结在于,差别原则本身就是一种社会最低额原则,在其之上再引入一个满足公民基本需求的最低额,两种最低额就会出现龃龉。一种正义理论不能为同一社会群体规定两种不同的社会最低额。

罗尔斯的差别原则具有很强的经济平等倾向,它将经济利益的平等分配设定为基准,只允许能最大化社会最不利者利益的经济不平等。与自由至上主义首先关注社会最有利者的利益,然后借助涓滴效应(trickle-down effect)而使社会底层在较小的程度上也受益不同,差别原则首先关注的是社会最不利者的利益,其经济目标是使得这一群体的利益实现最大化,这是一种自下而上(bottom-up)的经济调节目标。差别原则实际上是一种社会收入最低额原则,它的特点在于并不对这一最低额在量上进行规定,而是设定了这一最低额必须满足的条件,即这一最低额必须尽可能最大化。在差别原则调节的经济制度下,最不利者的收入水平就是最低额,这一最低额在

---

① 正义的两个原则引自 Rawls, John, 1996, *Political Liberalism* (Expanded Edition), Columbia University Press, pp.5—6。

量上虽不确定,但在给定的社会条件下,差别原则要求这一最低额必须实现最大化。

罗尔斯在其不同时期著作中都曾将差别原则与社会最低额以及公民的需求联系在一起讨论。在《正义论》第 43 节,当论及政府的转移机构(transfer branch)的职能时①,罗尔斯认为转移机构的责任是确保公民的福利水平不低于某一最低额,这一最低额保证公民的基本生活需求得到满足。完全由市场价格体系来决定公民的收入虽能实现效率的最大化,但效率并不是设定社会经济基本结构时唯一需要实现的目标。并不是每个人都能在市场竞争中获得可观的收益,对于那些失败的市场参与者,政府应当保证他们的基本生活需求得到满足。社会的基本经济结构的设定除要满足效率的要求外,还要考虑到公民基本需求的满足。转移机构就起到了平衡效率的要求和需求的要求的作用。最为关键的是,罗尔斯认为转移机构对公民基本生活需求的保证是差别原则的要求,差别原则所要最大化的最不利者的收益是"工资和转移收入"的总和。②

从罗尔斯在这里的论述可以看出,社会最低额也就是差别原则所要最大化的社会最不利者的收入。社会最低额由两部分组成,一部分是最不利者的工资收入,另一部分是转移机构的补贴。补贴的额度应能保证社会最低额能够满足公民需求。满足公民需求的社会最低额由差别原则来保证。

罗尔斯另一处把差别原则和社会最低额以及公民的基本需求联系在一起讨论是在《作为公平的正义——正义新论》的第 38 节。罗尔斯在这里比较了受限制的功利原则(restricted utility principle)的社会最低额和差别原则的社会最低额。他说:"差别原则对社会最低额的规定来源于互惠的理念(idea of reciprocity)。这一最低额至少能够满足对于过上体面的生活而言

---

① Rawls, John, 1971, *A Theory of Justice*, Belknap Press of Harvard University Press, pp.276—277.

② Ibid., p.277.

至关重要的基本需求，甚至可能更多。"①罗尔斯在这里揣测，在差别原则调节下的最不利者的收入水平，即社会最低额，可能会高于——至少不会低于——为满足公民基本需求所要求的经济手段。

从以上对两段引文的分析可以看出，罗尔斯在其第一本著作《正义论》和最后一本著作《作为公平的正义——正义新论》中都认为社会最低额由差别原则来保证，差别原则所最大化的最不利者收益至少能够保证公民的基本需求。这是罗尔斯深思熟虑的观点，自始至终都未曾改变。这就与罗尔斯在回应佩弗时，认为应当在两个正义原则之上添加一个基本需求原则来保证社会最低额的观点相左了。

罗尔斯假定每个公民都是正常而且能够终生进行充分的社会合作的人②，每个公民都有不低于最低限度的道德能力、智力和体力以使他们能进行充分的社会合作。③因而，罗尔斯的差别原则和他后来引进的基本需求原则都是应用于同一社会群体，即所有能够进行充分社会合作的公民。差别原则规定了能够进行充分社会合作的公民中的最不利者的利益必须被最大化，由于每个能够进行充分社会合作的公民都有可能成为最不利者的一员，差别原则实际上就为所有能够进行充分社会合作的公民提供了一个社会最低额。基本需求原则要求为所有能够进行充分社会合作的公民的基本物质生活需求提供保障，这就又增加了一个最低额。这样，罗尔斯就为能够进行充分社会合作的公民提供了两个社会最低额。由于差别原则只是规定社会最低额的设定条件，即社会最低额应当被最大化，因而具有很大的灵活性，这就使得从量上对社会最低额进行规定的基本需求原则失去意义。

也许有人会反驳说，虽然差别原则能够保证一个社会最低额，但差别原

---

① [美]约翰·罗尔斯：《作为公平的正义——正义新论》，姚大志译，中国社会科学出版社 2011 年版，第 157 页。
② Rawls, John, 1996, *Political Liberalism* (Expanded Edition), Columbia University Press, p.20.
③ Ibid., p.83.

则并不是从量上来规定最低额，而是规定最低额的条件，即这一最低额应当被最大化。如果再用一个基本需求原则从量上来明确规定一个社会最低额，这就有了双重保险，公民的基本需求就能得到更牢靠的保证。

用一个基本需求原则来增加一个对社会最低额的规定不会产生任何积极意义。不妨假设由基本需求原则从量上来规定的社会最低额为 M1，由差别原则最大化的最不利者的收入为 M2。M1 和 M2 之间在量上只会出现三种可能的数量关系。第一种情况是 M1＞M2，也就是说，基本需求原则规定的社会最低额大于差别原则实现的社会最低额。在这种情况下，由于差别原则已经使得最不利者的收入最大化，比 M2 更大的 M1 就是无法实现的，因为如果比 M2 更大的社会最低额可能被实现，那么最不利者的收益就还没有实现最大化，差别原则就还没有被满足。第二种情况是 M1＝M2，在这种情况下，基本需求原则就是没有意义的，因为它所设定的社会最低额和差别原则实现的社会最低额是一样的。第三种情况是 M1＜M2，在这种情况下，差别原则所实现的社会最低额已经高于满足公民基本需求所需的最低收入水平了，基本需求原则也就成为多余的。以上的分析表明，在差别原则从条件上来规定社会最低额之外，再增加一个基本需求原则从量上来规定社会最低额，并不能使得公民的基本需求得到更牢靠的保证。在差别原则之上再增加一个基本需求原则或是不现实的，或是没有意义的，或是多余的。

第三节　对理查森的一个批评

在《正义的前沿》一书中，努斯鲍姆（Nussbaum，Martha C.）论证说罗尔斯的契约论无法处理严重残障者（the severely disabled）的正义问题。严重残障者在这里指那些不具有最低限度的进行正常社会合作能力的人。罗尔斯在构建他的社会正义理论时,假定每个公民都是正常而且能够终生进行充分的社会合作的人,每个公民都有不低于最低限度的道德能力、智力和体力以使他们能进行充分的社会合作。①至于那些能力低于最低限度,不能进行充分的社会合作的人,罗尔斯在构建正义原则的阶段就先把他们悬置起来,因为他认为政治正义的根本问题是探讨在能进行充分合作的公民之间什么是适当的合作条款的问题。②对于那些有着严重残障,不能进行社会合作的人的利益诉求,罗尔斯建议放到立法阶段去处理,因为这时有更充分的信息,例如残障的流行程度和类别、治疗所需费用、总体的政府支出等。③结果就是,原初状态中选择正义原则的有关各方所代表的都是能进行充分社会合作的公民,他们所选出的正义原则的作用是在能进行充分社会合作的公民之间调节社会合作产品的分配。严重残障者的利益诉求则不作为基本的社会正义问题来讨论。

努斯鲍姆认为罗尔斯之所以延后处理严重残障者的正义问题,究其根本,是因为罗尔斯的社会契约理论根本无法处理这一问题。努斯鲍姆从不同角度论证了她的观点。例如,罗尔斯采纳休谟的正义的环境(circumstances of justice)理论,认为进行社会合作的人在体力和脑力上应当大致平等,很显然,严重残障者不具有进行正常社会合作的能力,他们不具有进入正义的合作关系的资格;罗尔斯继承传统的契约论关于社会合作的目的观点,认为人们进行社会合作的动机是为了从合作中受益,很显然,把严重残障者包含进来不会使能进行正常社会合作的公民受益,他们有理由把这些严重残障者排除出去;罗尔斯采纳康德的人的观念,认为人具有不低于最低限度的善观念的能力和正义感能力,但严重残障者按其定义就不具备这些能力,因而

---

① Rawls, John, 1996, *Political Liberalism* (Expanded Edition), Columbia University Press, pp.20, 83.

② Ibid., p.20.

③ Ibid., p.184.

他们根本就不被当作完全的人来看待。①努斯鲍姆认为,罗尔斯契约论的这些特点使得他无法公正地对待严重残障者的正义问题。

理查森(Richardson, Henry S.)作为罗尔斯的弟子之一,决定为老师辩护。他认为罗尔斯的契约论经过发展完全可以处理严重残障者的正义问题。理查森发展罗尔斯契约论的关键之点是使得无知之幕变得更厚,使得原初状态中的契约选择者不但不知道他们所代表的公民的自然禀赋、社会和家庭背景,甚至不知道他们的健康水平。这些契约选择者所代表的对象不再只是能进行充分社会合作的公民,他们所代表的完全可能是严重残障者。②理查森试图通过扩大原初状态中契约选择者所代表对象的范围,以在正义原则的选择阶段(而不是罗尔斯建议的"立法阶段")就把严重残障者的正义问题解决掉。

罗尔斯在《正义论》第3节中说:"如同其他契约论一样,作为公平的正义也包含两个部分:(1)对最初处境(initial situation)的阐释和在其中提出的选择问题,和(2)一组原则,作为公平的正义论证这组原则将会被同意。"③为处理严重残障者的正义问题,理查森认为作为公平的正义的第(1)部分需要被改变,无知之幕应当加厚,以屏蔽掉被代表者是否残障的信息,同时,选择的对象也从原来的调节充分合作者之间合作关系的正义原则,转变到调节所有公民(包括不能进行充分社会合作的严重残障者)之间的正义关系。同时,理查森认为罗尔斯正义理论的第(2)部分也应当相应改变,待选的正义原则应当能够适应严重残障者的要求。理查森认为罗尔斯顺便提到的基本需求原则应当与两个正义原则组合在一起成为备选方案之一:

① Nussbaum, Martha C., 2006, *Frontiers of Justice*, Belknap Press of Harvard University Press, Chap.2.

② Richardson, Henry S., 2006, "Rawlsian Social-contract Theory and the Severely Disabled," *The Journal of Ethics*, Vol.10, No.4, pp.430, 433.

③ Rawls, John, 1971, *A Theory of Justice*, Belknap Press of Harvard University Press, p.15.

1. 基本需求原则:社会的基本制度应当这样安排,以在合理可能的范围内,保证每一公民都能得到尚可的最低额的机会、收入、财富和自尊;

2. 正义第一原则:平等自由原则;

3. 正义第二原则:(1)机会的公平平等原则;(2)差别原则。①

理查森对基本需求的阐释这里的阐释更为丰富,他是用除基本自由和权利之外的所有其他社会基本善(social primary goods)来阐释公民的基本需求,而笔者单用收入来阐释基本需求。我们的共识是为满足公民的基本需求,保证他们不低于某一最低额的收入是必要的。如第一节所说,本章的论证并不预设"基本需求仅仅包含公民的基本物质生活需求",而只预设"基本需求包含基本物质生活需求"这一较弱的前提。既然理查森承认基本需求包括某一最低收入要求,以满足公民的基本物质生活需求,那么他把机会和自尊等其他社会基本善包括进公民的基本需求就并不影响下文对他的批评。上一节已论证,基本需求原则设定的收入最低额会与差别原则实现的社会最低额冲突,那么理查森建议的能够处理严重残障问题的正义原则是否也遭受同样的困难呢? 我想是的。

值得注意的是,第二节对基本需求原则的引入所引起的困难的分析是在罗尔斯的理论框架内进行的,也就是说,基本需求原则和正义的两个原则处理的都是能进行充分社会合作的公民之间的正义关系。在罗尔斯"所有公民都是正常的能进行充分社会合作的人"的假设下,基本需求原则所保证的社会最低额指的是能进行充分社会合作的公民的社会最低额,差别原则所实现的社会最低额指的是最不利者的收入(包括工资和社会补贴)。为处理严重残障者问题,理查森改变了正义原则的应用范围,他所建议的正义原

---

① Richardson, Henry S., 2006, "Rawlsian Social-contract Theory and the Severely Disabled", *The Journal of Ethics*, Vol.10, No.4, p.437.

则所调节的是所有公民(包括不能进行充分社会合作的严重残障者)之间的正义关系。在这一新的语境下,完全有理由说,社会最不利者就是这些严重残障者,差别原则所要最大化的收入就是这些严重残障者的收入。[①]笔者同时认为,当理查森把正义原则应用于所有公民(包括严重残障者)时,真正需要基本需求原则提供生活保障的也正是这些严重残障者。

我们发现,在理查森为解决严重残障问题所建议的正义原则中,基本需求原则为严重残障者所保障的最低收入 $M1'$ 和差别原则所最大化的严重残障者的收入 $M2'$ 之间也会出现本章第二节所分析的同样的冲突。当 $M1' > M2'$ 时,由于 $M2'$ 已经是被差别原则最大化的严重残障者的收入,$M1'$ 就是无法实现的;当 $M1' = M2'$ 时,基本需求原则为严重残障者保障的最低收入跟差别原则为严重残障者提供的最低收入相同,基本需求原则没有为严重残障者提供额外的最低收入保障,因而是没有意义的;当 $M1' < M2'$ 时,由于差别原则为严重残障者提供的收入已经超过满足其基本物质生活需求的最低标准,因而基本需求原则所保障的最低收入标准就是多余的。

从本节的分析可以得出结论,在理查森把正义原则应用于解决严重残障者的正义问题的框架下,当把基本需求原则和正义的其他两个原则组合到一起时,基本需求原则所保障的最低收入或是不现实的,或是无意义的,或是多余的。

第四节　基本需求原则如何才能有意义

基本需求原则之所以和差别原则起冲突,其根源在于,当为同一社会群体同时设定两个不同的社会最低额时,其中的一个就会或是无法实现的,或

---

① Richardson, Henry S., 2006, "Rawlsian Social-contract Theory and the Severely Disabled", *The Journal of Ethics*, Vol.10, No.4, p.444.

是多余的。由于差别原则只是规定社会最低额的设定条件，即社会最低额应当被最大化，因而具有很大的灵活性，这就使得从量上对社会最低额进行规定的基本需求原则失去意义。在罗尔斯的理论框架中，基本需求原则和差别原则都被应用于能进行充分社会合作的公民上。理查森为解决严重残障者的正义问题，虽然扩展了正义原则的应用范围，但在其理论框架中，基本需求原则和差别原则仍被应用于同一社会群体，即包含严重残障者在内所用公民。由于两人都坚持将基本需求原则和差别原则运用于同一社会群体，因而他们陷入本章以上两节指出的困境。

为了使得基本需求原则有意义，基本需求原则和差别原则就必须被应用于不同的社会群体。本章采纳理查森的建议，认为在选择正义原则的阶段（而不是罗尔斯所建议的立法阶段）就应当解决严重残障者的正义问题。但在基本需求原则和差别原则的适用对象上，笔者既不同意罗尔斯把两者都运用于能进行充分社会合作的公民上，也不同意理查森将两者都运用于包括严重残障者的全体公民上。为避免罗尔斯和理查森在引入基本需求原则时遇到的困境，笔者主张差别原则应运用于能进行充足社会合作的公民上，而基本需求原则则运用于包括严重残障者和能够但不愿进行充分的社会合作的人在内的全体公民身上。

能够但不愿进行充分社会合作的人是指那些有工作能力，但由于某种原因不愿工作的人。（有些人可能是因为懒惰，但也有些人可能是出于其他原因而不愿工作，比如有人抱有这样一种信仰，即人做的事都是会朽坏的，因而不值得做。）对于如何对待这些能却不愿工作的人，弗里曼认为罗尔斯已经表示要为这些不愿工作的健全公民提供比差别原则实现的社会最低额少但足以使他们生存下去的津贴。①但弗里曼没有提供引文佐证他的观点。我相信他误解了罗尔斯，罗尔斯从未做过这种表示，相反，罗尔斯建议把休

① Freeman, Samuel, 2007, *Rawls*, Routledge, pp.229—230.

闲时间(leisure time)加入社会基本善的列表中,认为既然这些能够却不愿工作的人享有了比别人更多的休闲时间,差别原则就不应当再给他们经济补贴,他们应当自己想办法养活自己。[①]

但我同意弗里曼的以下看法,即这些不愿工作的人虽没有参与社会的经济合作,但他们参与了社会其他方面的合作,例如他们遵守法律,尊重他人的期望,履行公民义务。作为民主社会的公民,他们应当获得能够保障他们生活的社会津贴。[②]既然罗尔斯已经明确表示,差别原则无须为这些能够却不愿工作的人的基本生存提供保证,我们应当从罗尔斯理论的其他地方寻找给予这些人生活补贴的理由。基本需求原则正适合担任这一角色。

按照这里的建议,基本需求原则适用于所有公民,包括严重残障者和不愿工作的公民。按照罗尔斯的原初设想,严重残障者的正义问题应放到立法阶段去解决,在正义原则的选择阶段,只考虑进行完全的社会合作的公民之间的合作条款。在这一设想下,严重残障者的正义问题被延后,严重残障者被当作次等公民对待,其利益诉求在正义原则的选择阶段被完全忽略。在本章的建议下,基本需求原则的应用对象扩展到这些严重残障者身上,他们的利益诉求在正义原则的选择阶段就被考虑进去,这就避免了努斯鲍姆的"罗尔斯的契约论无法解决残障问题"的指责。按照罗尔斯原来的建议,那些不愿工作的健全公民不能要求差别原则为其生活方式提供津贴,他们只能想办法自己养活自己。试想,有些不愿工作的公民,可能没有财产可以继承,还可能没有亲友为他们提供生活资助,对于这些人,按照罗尔斯的观点,就应当任其乞讨或者饿死了。但正如弗里曼所说,这些不愿工作的公民,虽没有参与社会的经济合作,但他们在政治等其他方面参与了社会合

---

① ［美］约翰·罗尔斯:《作为公平的正义——正义新论》,姚大志译,中国社会科学出版社 2011 年版,第 216 页。

② Freeman, Samuel, 2007, *Rawls*, Routledge, p.230.

作,他们理应得到至少能维持生存的补贴。在本章的建议下,这些人的生存需求受到基本需求原则的保障。

最为关键的是,把基本需求原则和差别原则的运用的对象分开,即把基本需求原则运用于全体公民,而把差别原则运用于进行充分社会合作的公民时,本章避免了需求原则和差别原则的冲突。在本章的建议下,差别原则只被运用于能进行充分社会合作的公民,这与罗尔斯原初的设想一致,故而罗尔斯从互惠(reciprocity)的角度对差别原则的论证[1]都还有效。假设差别原则为这些进行充分社会合作的公民所保证的社会最低额是 $M2''$。基本需求原则适用对象包括严重残障者、能够却不愿工作的公民和进行充分社会合作的公民在内的所有公民,假设基本需求原则所保障的社会最低额是 $M1''$。$M2''$ 和 $M1''$ 之间只会出现一种(而不是三种)数量关系,即 $M2''>M1''$。理由是如果 $M2''<M1''$,或 $M2=M1$,这会使得那些进行充分社会合作的公民放弃工作或者冒充为严重残障者,有效率的社会合作就会瓦解,为实施基本需求原则所需的税收也无从征收,$M1''$ 也就无法保证。所以严重残障者和不愿工作的健全公民也将欣然接受 $M2''>M1''$ 的现实,因为这是他们能得到 $M1''$ 的前提条件。

在 $M2''>M1''$ 的情况下,基本需求原则为严重残障者和不愿工作的健全公民提供了基本的生活保障,但所提供的津贴小于差别原则为愿意工作的健全公民提供的社会最低额。那些愿意工作的健全公民由于获得更高的收入,会选择继续待在工作岗位上,有效率的社会合作得以维持,而那些严重残障者和不愿工作的健全公民的基本的生活需求也能得到满足。社会各方的正当的利益诉求都获得了尊重。

---

① [美]约翰·罗尔斯:《作为公平的正义——正义新论》,姚大志译,中国社会科学出版社 2011 年版,第 149—151 页。

小　结

　　以上揭示了罗尔斯将基本需求原则和差别原则运用于能进行充分社会合作的群体时会遇到的困难。困难的症结在于两个分配原则为同一个社会群体规定了两种不同的最低收入。本章的解决方案是将两个原则分别运用于不同群体，这样就避免了两种社会最低额之间的冲突。

　　佩弗的基本需求原则提议来自马克思《哥达纲领批判》①。马克思认为在共产主义社会第一阶段生活资料的分配实行按劳分配原则，但在进行按劳分配之前，要预先进行扣除，扣除的项目就包括"为丧失劳动能力的人等等设立的基金"。②在将基本需求原则直接嫁接到罗尔斯的正义原则之上时，佩弗忽略了"罗尔斯将正义原则的适用人群限定于能进行充分社会合作的公民"。而根据《哥达纲领批判》，满足所有人（主要是丧失劳动能力者）的基本生活需求的分配原则要优先于调节具有正常劳动能力者所得的按劳分配原则。本章提出的解决罗尔斯基本需求原则困境的方案与马克思在《哥达纲领批判》中关于共产主义社会第一阶段的生活资料分配的设想具有相似性。

---

① Peffer, Rodney G., 1990, *Marxism, Morality, and Social Justice*, Princeton University Press, p.361.

② 《马克思恩格斯文集》第 3 卷，人民出版社 2009 年版，第 433 页。

第四章
驳近年来西方学界融合马克思和罗尔斯的倾向

罗尔斯在 1971 年出版的《正义论》中提出了著名的两个正义原则：第一个是平等自由原则；第二个包括机会的公平平等原则和差别原则，其中差别原则要求经济的不平等要使最不利者的利益最大化。第一个原则对第二个原则具有优先性。[1]据罗尔斯在哈佛的同事普特南（Putnam，Hilary）回忆：“《正义论》的发表适值美国公共生活正在就福利国家是对是错的重大话题进行讨论。”[2]福利资本主义允许价格和工资主要由市场调节，但与放任资本主义不同的是，它同时要求保障竞争失败者有一个基本的体面生活。罗尔斯在保证自由权利优先性的前提下，同时关注最不利者的利益，这与福利资本主义的以上诉求至少从表面上看存在明显呼应。因而，正如马克思将19 世纪的古典自由主义看作是在为放任资本主义辩护，西方很多左翼学者也把罗尔斯对自由主义的最新发展看作是在为福利资本主义辩护，并将《正义论》作为资本主义的最新意识形态而加以批评。[3]

---

① Rawls, John, 1971, *A Theory of Justice*, Belknap Press of Harvard University Press, p.302.

② Putnam, Hilary, 1997, "A Half Century of Philosophy, Viewed From Within", *Daedalus*, Vol.126, No.1, p.189.

③ 布坎南将西方学者从马克思主义立场出发对《正义论》所作批评概括为十个方面。（Buchanan, Allen E., 1982, *Marx and Justice: The Radical Critique of Liberalism*, Rowman and Allanheld, p.122）

进入 21 世纪,罗尔斯的两部新著改变了很多人的看法。罗尔斯在 2001 年出版的《作为公平的正义——正义新论》中指出:福利资本主义允许拥有更多财富的人控制政治生活,这就摒弃了政治自由的公平价值;尽管它对机会平等还有些许关切,但实现机会平等所需的相应政策却是缺失的;尽管提供的福利可能相当可观,但调节经济和社会不平等的互惠性原则没有得到承认。福利资本主义由此就违反了罗尔斯的各项正义原则。①2007 年,罗尔斯的《政治哲学史讲义》由其弟子弗里曼编辑出版,其中第六讲的起始之处就对马克思大加赞赏,把马克思在资本主义经济学和政治社会学方面的成就说成是非凡的、真正英雄般的。讲义接着集中探讨了马克思对自由主义的批评,并申明罗尔斯自己的正义理论吸纳并成功克服了这些批评意见。②虽然同大多数当代西方学者一样,罗尔斯认为马克思的劳动价值理论并不能成功地解释商品价格的形成,但他认为马克思试图用该理论揭示的深层次观点仍有意义,他还尝试站在马克思的立场回应来自分配的边际生产率理论对劳动价值理论的挑战。③

罗尔斯对福利资本主义的明确拒斥,对其正义理论受到马克思影响的承认,以及他对马克思劳动价值理论的同情性理解,使得西方学界开始重新审视马克思和罗尔斯政治思想的关系,出现了一股融合马克思和罗尔斯的潮流,以此为主题的文章和著作大量涌现。④尤其考虑到当前国内建构马克思政治哲学的尝试也多从罗尔斯设定的框架和议题出发,对西方学界这一融合倾向的反思对我们就更具借鉴意义。本章拟择取近年来构成这一潮流

---

① ［美］约翰·罗尔斯:《作为公平的正义——正义新论》,姚大志译,中国社会科学出版社 2011 年版,第 167 页。

② ［美］约翰·罗尔斯:《政治哲学史讲义》,杨通进、李丽丽、林航译,中国社会科学出版社 2011 年版,第 331—333 页。

③ 同上书,第 359—362 页。

④ 国内学者在这方面的尝试具有代表性的有卞绍斌的《马克思与正义:从罗尔斯的观点看》(《哲学研究》2014 年第 8 期)和倪寿鹏的《正义的多面孔:马克思和罗尔斯》(《哲学研究》2017 年第 8 期)。

的三本有代表性的著作加以分析和反驳,突出马克思和罗尔斯政治思想的几个重大分歧,初步勾画出融合二者不应逾越的限度。

第一节　西方学界近年来融合
马克思和罗尔斯的三种尝试

一、雷曼的《尽可能地自由和正义:马克思式的自由主义理论》

雷曼(Reiman, Jeffrey)在 2012 年出版的著作《尽可能地自由和正义》中提出了一种马克思式的自由主义(Marxian liberalism)理论。该理论用"马克思式的"修饰自由主义,是因为理论的目标是由自由主义设定的,马克思的理论描述了实现目标的条件,因而马克思式的自由主义是一种自由主义而不是马克思主义。①依照自由主义传统,雷曼把自由看作人的唯一自然权利,但不同于传统自由主义把自由等同于不受限制的财产权,或把不受限制的财产权看作是自由的必要条件,雷曼指出财产与人的自由的关系是暧昧不明的:一方面,正如传统自由主义所主张的,自由确实以一定的财产权为前提;但另一方面,私有财产权会形成某种结构性强制(structural coercion)。②

雷曼认为,财产权所带来的结构性强制是由马克思在《资本论》中对资本主义剥削的描述所揭示出来的。在资本主义社会,生产资料为资本家所拥有,工人阶级仅仅拥有自己的劳动力。为了生存,工人阶级不得不将劳动力出卖给资本家,以换取工资购买生活必需品。劳动力在使用过程中,除补偿资本家预付的工资外,还要创造出额外的价值,即剩余价值。剩余价值被资本家毫无

---

① Reiman, Jeffrey, 2012, *As Free and as Just as Possible: The Theory of Marxian Liberalism*, Wiley-Blackwell, pp.23, 26.

② Ibid., pp.111—112.

补偿地攫取。在雷曼看来,资产阶级和工人阶级之间的这种雇佣契约之所以能够达成,是因为生产资料的私有权利对工人形成了某种结构性强制。

由于财产权对自由既促进又阻碍的双重作用,所实行的财产权就应该能够得到人们的普遍同意,雷曼在此引入罗尔斯的"原初状态"用以确定人们会对财产权施加何种限制。他认为人们会选择罗尔斯的差别原则作为财产分配原则。差别原则常常被指责为在利益分配时没有在不同社会阶层之间保持中立,雷曼用马克思的劳动价值理论来阐释罗尔斯的差别原则,认为差别原则并没有在经济利益分配上偏向最不利者,而是在深层次上要求人们在交换劳动时的互惠性。[1]罗尔斯认为财产所有的民主制(property-owning democracy)和自由社会主义(liberal socialism)这两种制度都可以实现他的正义原则。[2]雷曼进一步把财产所有的民主制阐释为一种生产资料被人们分散拥有的资本主义制度,并认为在现阶段物质还没有极大丰富,人性还需要经济激励才愿意发挥更多才能的情况下,"财产所有的民主制"是能够最大程度减小社会压制、最大限度实现人的自由的制度。[3]

二、亨特的《自由社会主义:一种基于罗尔斯和马克思的替代性社会理想》

亨特(Hunt,Ian)2015年出版了《自由社会主义》,该书表达了对在当代发达资本主义国家占据主导地位的新自由主义的不满,并试图从马克思和罗尔斯那里寻找资源,以建构一种替代性的社会理想方案。[4]新自由主义

---

[1] Reiman, Jeffrey, 2012, *As Free and as Just as Possible*: *The Theory of Marxian Liberalism*, Wiley-Blackwell, pp.131—133.

[2] [美]约翰·罗尔斯:《作为公平的正义——正义新论》,姚大志译,中国社会科学出版社2011年版,第167—168页。

[3] Reiman, Jeffrey, 2012, *As Free and as Just as Possible*: *The Theory of Marxian Liberalism*, Wiley-Blackwell, pp.201—102.

[4] Hunt, Ian, 2015, *Liberal Socialism*: *An Alternative Social Ideal Grounded in Rawls and Marx*, Lexington Books, pp.1—2.

在政治上通常与里根和撒切尔的经济政策联系在一起，要求政府在各种商品和服务生产领域引进和加强市场关系，以实现最大效率。新自由主义在学理上通常与哈耶克和诺奇克的政治理论紧密相关，主张为实现自由这一最重要的社会价值，把国家功能缩减至"守夜人式"政府。新自由主义自20世纪七八十年代以来开始在西方发达资本主义国家占据主导地位。

新自由主义为资本主义社会经济制度辩护的理由是它能实现效率的最大化这一社会理想，亨特认为马克思和罗尔斯对资本主义的批评为我们指出了建构新的社会理想的可能性。在亨特看来，之所以有必要对马克思和罗尔斯的政治思想加以融合，是因为马克思和罗尔斯对资本主义的批评都不完整，需要相互支撑。[1]

一方面，亨特认为马克思对资本主义剥削不正义的批评需要罗尔斯的正义理论作为支撑。马克思在其著作的很多地方提出了一种内在的正义理论：正义观念属于上层建筑，只是对社会生产关系的一种反应，并随着生产关系的变化而变化。例如马克思在《资本论》第三卷中说："只要与生产方式相适应，相一致，就是正义的；只要与生产方式相矛盾，就是非正义的。"[2]按照内在的正义理论，在资本主义社会中资本家付给工人工资以购买其劳动力，并通过劳动力的使用获得剩余价值就是正义的，因为这种做法与资本主义的生产方式相适应。资本家剥削工人没有不正义之处，这就是著名的"塔克-伍德论题"（Tucker-Wood Thesis）。[3]然而，马克思又在《资本论》中把剥削比作"盗窃""抢劫"等。亨特追随科恩，认为这就暗示了马克思还有一种隐含的正义观，在此正义观之下，资本主义剥削是不正义的。[4]亨特认为罗

---

① Hunt, Ian, 2015, *Liberal Socialism: An Alternative Social Ideal Grounded in Rawls and Marx*, Lexington Books, p.7.

② 《马克思恩格斯文集》第7卷，人民出版社2009年版，第379页。

③ Cf. Robert C. Tuck, 1969, *The Marxian Revolutionary Idea*, W. W. Norton, pp.37—48; Allen W. Wood, 1972, "The Marxian critique of justice", *Philosophy and Public Affairs*, Vol. 1, No.3, pp.244—282.

④ Cohen, G. A., 1983, "Review of *Karl Marx*, by Allen Wood", *Mind*, Vol.92, No.367, p. 443; Hunt, Ian, 2015, *Liberal Socialism: An Alternative Social Ideal Grounded in Rawls and Marx*, Lexington Books, p.60.

尔斯的正义理论可以为马克思指责资本主义剥削的不正义提供基础。

　　另一方面，亨特认为罗尔斯对资本主义违反差别原则的指责能够从马克思关于产业后备军的论述中找到支撑。罗尔斯的差别原则要求最大化社会最不利者的利益。亨特认为罗尔斯的最不利者对应于马克思所说的"产业后备军"。马克思在《资本论》第一卷中指出，资本的私人拥有者只有在有持续的利润预期的条件下才会增加对资本主义企业的投资，而持续利润又以持续的过剩劳动力为前提。因而马克思认为伴随资本主义投资的资本增长会造成很多待业的失业人口。[1]亨特由此指出，在资本主义社会经济制度下，产业后备军作为社会最不利者，其境况显然没有得到最大程度改善，资本主义制度由此违反了罗尔斯的差别原则。[2]

三、布鲁德尼的《马克思与罗尔斯：分配正义与人的观念》

　　该书是将芝加哥大学哲学系教授布鲁德尼（Brudney，Daniel）在复旦大学所作的系列讲座稿整理翻译而成，由上海人民出版社于 2017 年出版。布鲁德尼在该书中试图在马克思和罗尔斯之间发展出一种对话。[3]布鲁德尼认为，隐藏在不同政治哲学理论背后的深层次区别是不同的人的观念。[4]罗尔斯在《正义论》中对他的两个正义原则诉诸一种契约论论证。该论证假定人们处于原初状态中，人们的社会身份、自然禀赋和善观念等信息被无知之幕所屏蔽，人们彼此冷淡，只关心得到最多社会基本善，人们在此处境中所选出的正义原则成为调节社会基本结构的正义原则。罗尔斯在 1980 年的

---

[1]　《马克思恩格斯文集》第 5 卷，人民出版社 2009 年版，第 715—717 页。

[2]　Hunt，Ian，2015，*Liberal Socialism：An Alternative Social Ideal Grounded in Rawls and Marx*，Lexington Books，pp.68—71.

[3]　布鲁德尼在一次接受中国学者的专访中对自己所做的融合两者的工作进行了总结，参见宋珊珊：《马克思与罗尔斯思想的比较性研究——访丹尼尔·布鲁德尼教授》，《哲学动态》2018 年第 11 期。

[4]　［美］丹尼尔·布鲁德尼：《罗尔斯与马克思：分配正义与人的观念》，张祖辽译，上海人民出版社 2017 年版，第 79 页。

《道德理论中的康德式建构主义》一文中重新阐释了原初状态的意义,使之所依赖的人的观念凸显出来。新的阐释以一种具有两种道德能力(善观念能力和正义感能力)的自由而平等的人的观念作为起点,进而用原初状态这一思想实验,把这种人的观念模拟(model)出来,人们选择与最适于运用和发展两种道德能力的社会基本结构相对应的正义原则,这样,人们所选出的正义原则就与自由而平等的人的观念相适应。①

布鲁德尼试图在青年马克思的著作中发掘出某种人的观念。在布鲁德尼看来,马克思在《詹姆斯·穆勒〈政治经济学原理〉一书摘要》等青年时期著作中抱有以下人的观念:人类的好生活在于,怀着对他人幸福的关切对物质世界的改造这一特定活动的参与。②布鲁德尼论证,根据此种人的观念,马克思将接受与罗尔斯的两个正义原则相类似的正义原则。第一,由于只有在自由的条件下,行为主体才能发现他们能够做好并喜欢参与的活动类型,因而青年马克思会接受罗尔斯的平等自由原则。③第二,对彼此幸福的平等关切将使人们倾向于关注最不利者的利益,因而青年马克思即使不认可罗尔斯的差别原则,也会接受某种将优先性赋予最不利者的经济分配原则。④第三,马克思对个体的全面发展极为重视,而与更多的物质产品相比,对个体发展的助益更多地来自做事情、接受不同理念以及同他人共事等自由,因而马克思会赋予自由以优先性。⑤

布鲁德尼在论证了罗尔斯和青年马克思所抱有的人的观念都能为罗尔斯的两个正义原则提供某种证成之后,最后论证罗尔斯的人的观念要优于青年马克思的人的观念。罗尔斯的自由而平等的人的观念取自自由民主社

---

① [美]丹尼尔·布鲁德尼:《罗尔斯与马克思:分配正义与人的观念》,张祖辽译,上海人民出版社2017年版,第74页。
② 同上书,第211页。
③ 同上书,第124—125页。
④ 同上书,第134页。
⑤ 同上书,第142页。

会的公共政治文化。而在资本主义社会,为他人提供商品、服务等产品的工作对于好生活来说却并非至关重要的构成,因而马克思抱有的人的观念无法得到人们的共鸣。①

第二节　社会观念:阶级的还是阶层的

马克思对资本主义剥削的揭示立基于他对资本主义社会阶级关系的分析,而罗尔斯的差别原则则奠基于作为一个公平合作体系的社会理想。雷曼把马克思揭示出来的私有财产的结构性强制特征用作支持罗尔斯的差别原则的理由,这就斩断了它们与作为各自基础的社会观念之间的有机联系,将二者强行扭合将引起彼此之间的排斥反应。

在马克思的社会学分析中,阶级是一个核心概念。马克思和恩格斯在《共产党宣言》中作出了"至今一切社会的历史都是阶级斗争的历史"的著名论断。②人类社会历史中的主要社会形态,包括奴隶社会、封建社会和资本主义社会都是阶级社会。在这些社会形态中,生产资料都是为社会的一小部分人占有。阶级的划分依据的是不同社会群体与生产资料的关系。占统治地位的阶级凭借其对生产资料的占有,榨取被统治阶级的剩余劳动,被统治阶级为了获得在生产资料上进行劳动的机会,不得不以付出剩余劳动为代价。占有生产资料的阶级和不占有生产资料的阶级的利益是根本对立的。例如在资本主义社会中,资产阶级靠剥削工人生存繁荣,他们会竭力维持使这种剥削成为可能的私有财产制度,而工人阶级若要从根本上改善自己的处境,就必须通过革命,废除财产私有制度。

---

① [美]丹尼尔·布鲁德尼:《罗尔斯与马克思:分配正义与人的观念》,张祖辽译,上海人民出版社2017年版,第221页。

② 《马克思恩格斯文集》第2卷,人民出版社2009年版,第31页。

与马克思揭示资本主义生产的互惠表象之后的阶级压迫、阶级剥削不同,罗尔斯将社会看作一个合作体系:"社会是一种为了相互得益的合作事业",而一个正义的社会即是一个有着公平合作体系的社会。①罗尔斯也以群体为社会分析的基本单位,如差别原则所要求最大化其利益的最不利者以及与之对立的最有利者都是处于某一经济收入水平的社会群体。罗尔斯有一次还把这样的群体称为阶级(class)。②然而,罗尔斯在这里并不是在与马克思相同的意义上使用阶级这一概念,罗尔斯对社会群体的划分所依据的是收入水平,并不关涉对生产资料的拥有,罗尔斯讨论的社会群体实际上指的是西方社会学中的社会阶层(social strata)。③不同社会阶层之间虽可能有利益冲突,但彼此之间不存在统治与被统治的关系。以阶级(马克思意义上的)还是阶层为社会分析的基本单位,反映了分析者本人的深层社会观念。按照佩弗的看法,追问是不是有一个统治阶级不是一个抽象的理论问题,而是一个政治策略的问题。如果回答没有,那就意味着境遇不好的群体可以通过合法手段从社会财富中得到公平的一份;如果回答有,那就意味着相反的结论。④罗尔斯正是认为可以通过合法途径达到利益的公平分配。在受罗尔斯的两个正义原则所调节的社会基本结构中,公民的平等政治自由的公平价值得到保证,人们对政治的影响力不受他们所拥有财产的多寡的影响,社会的最不利者有机会通过民主程序制定改善自己经济处境的经济政策。罗尔斯还谈到政府的转让部门通过转移再分配以保证社会最不利

---

① [美]约翰·罗尔斯:《正义论》(修订版),何怀宏、何包钢、廖申白译,中国社会科学出版社2009年版,第4页。

② Rawls, John, 1971, *A Theory of Justice*, Belknap Press of Harvard University Press, p.98.

③ 姚大志认为"无产阶级就是罗尔斯所说的最不利者",这似乎忽略了马克思的"阶级"和罗尔斯所说的"社会阶层"之间的差别,问题的关键不在于无产阶级和最不利者是否指涉同一群人(其实两者所指对象并不完全重合),而在于把某些人描述为无产阶级还是最不利者反映了描述者不同的社会观念以及对问题解决途径的不同设想。(姚大志:《正义的张力:马克思和罗尔斯之比较》,《文史哲》2009年第4期,第132页)

④ Peffer, Rodney G., 1990, *Marxism, Morality, and Social Justice*, Princeton University Press, p.457.

者得到不低于社会最低值的收入水平,从而实现差别原则的要求。①

在融合马克思和罗尔斯的尝试中,雷曼将私有财产制度具有结构性强制这一事实包含在处于原初状态中的人们所知道的信息中,并由此推论,人们会选择罗尔斯的差别原则来调节和限制私有财产权。然而,雷曼没有看到,马克思对生产资料私有制的分析是嵌入在他的作为整体的社会观念之中的,而马克思的以阶级关系为中心的社会观念又是与罗尔斯的作为公平合作体系的社会观念无法调和的。按照马克思的观点,在原始共产主义社会之后直至资本主义社会消亡之前,所有人类社会都是阶级社会。在阶级社会中,生产资料集中在少数人手中,伴随而来的是有产者对无产者的剥削。这种生产关系一方面是由一定阶段的生产力发展水平决定的,另一方面又反过来对一定阶段生产力的发展具有促进或阻碍的作用。这一现实是无法通过简单的财产再分配而改变的。罗尔斯的差别原则所预设的作为公平合作体系的社会观念认为,人们都有着维护公平的分配制度的正义感,在这里没有不同阶级利益之间的根本对立。问题只在于找到一种能使人们达成关于正义分配原则的共识的方法(被无知之幕笼罩的原初状态),一旦共识达成(罗尔斯的两个正义原则),人们就会出于正义感遵守共识来行动。雷曼强行将两种不同的社会观念扭合在一起,最后竟炮制出一个"人人都是资本家的社会"②。雷曼或许以为"人人都是资本家的社会",一方面由于提到资产阶级,因而与马克思的以阶级为中心的社会观念相容,而另一方面又因为没有阶级对立,因而与罗尔斯的作为公平合作体系的社会观念相容。然而,所谓"人人都是资本家的社会"本身就是一个异想天开的理论怪胎。如果没有工人阶级作为剥削的对象,资本本身也就不再作为资本发挥职能,

---

① [美]约翰·罗尔斯:《正义论》(修订版),何怀宏、何包钢、廖申白译,中国社会科学出版社 2009 年版,第 218 页。

② Reiman, Jeffrey, 2012, *As Free and as Just as Possible*:*The Theory of Marxian Liberalism*, Wiley-Blackwell, p.202.

资本连同作为其人格体现的资本家也就一同消亡了。

第三节　批评进路：生产关系的还是道德直觉的

马克思《资本论》的主题就是对资本主义生产方式的批评，而罗尔斯在《正义论》中也揭示了放任资本主义的不正义性，这就使得亨特等对主张强化自由市场作用的新自由主义不满的学者试图融合马克思和罗尔斯对资本主义的批评。然而，马克思和罗尔斯虽都揭示了资本主义的缺陷，但他们的批评进路却有明显不同，甚至有严重分歧。

20世纪七八十年代，西方马克思主义研究者就"马克思是否因资本主义有失正义而对其进行批评"这一问题展开了激烈争论。正方坚持认为马克思的确批评资本主义有失正义。然而，持此一立场的学者却无法就"马克思持何种正义观念批评资本主义"的问题达成一致。譬如胡萨米（Husami, Ziyad I.）认为马克思在《哥达纲领批判》中对共产主义两个阶段的分配原则的描述表达了无产阶级的正义观；科恩认为资本主义的不正义在于它违反了自我所有权原则；杰拉斯（Geras, Norman）认为资本主义的不正义在于生产条件的不公平分配。①造成分歧的原因在于马克思在其著作中从未明确表述过某种正义观念作为批评资本主义的标准，因而任何版本的马克思正义理论都只能是一种猜测和重构。而直接文本证据则表明，马克思持一种伍德所说的内在的正义观：一种做法（practice）是否正义，取决于这种做法是否与占主导地位的生产关系相适应，能够维护并稳定现

---

① Husami, Ziyad I., 1978, "Marx on distributive justice", *Philosophy and Public Affairs*, Vol. 8, No. 1, pp. 27—46; Cohen, G. A., 1995, *Self-ownership, Freedom and Equality*, Cambridge University Press, p. 12; Geras, Norman, 1984, "The controversy about Marx and justice", *Philosophica*, Vol. 33, No. 1, pp. 33—86.

行生产关系的,就是正义的,而倾向于损害或破坏现行生产关系的,就是不正义的。①按照这一阐释,在资本主义社会,资本家购买劳动力攫取剩余价值就不是不正义的。因为如果要求资本家不仅仅付给工人工资,而是把工人劳动创造的所有价值都返还给工人,那么资本家就没有动机去组织生产,资本主义生产方式就会瓦解。因此,允许资本家剥削工人是与资本主义生产关系相适应的,因而也是正义的。伍德认为马克思批评资本主义的真正原因是由于它的不合理的组织方式,使它所达到的生产力没能提供给人们更多的自由、共同体和自我实现等非道德的善。②不同于正义、权利等道德规范服务于人类社会关系的暂时形式,这些非道德的善是以实际的潜能、需要和人类利益为基础的。③这些非道德的善适宜于提供一个批评资本主义的固定尺度。

与马克思从真正的人类利益出发对资本主义所作的非道德批评形成鲜明对比的是,罗尔斯对放任资本主义的批评是从道德直觉出发的。罗尔斯的正义理论在很大程度上依赖于"人们的生活前景不应受到道德上任意因素的影响"这一道德直觉。④罗尔斯在《正义论》第 12 节揭示了自然的自由体系(类似于放任资本主义)的不正义性。自然的自由体系接受形式的机会平等原则,即所有人都至少有同样的合法权利进入所有有利的社会地位。在满足了这一要求之后,所有人的收入取决于他们从自由市场的自愿交换所得,政府不对由市场所决定的收入进行任何再分配。在自然的自由体系中,那些有着更好的社会家庭背景,或更好的自然禀赋的人,通常会获得更好的受教育机会,更可能发展出能得到较多经济回报的才能,这些人也较他

---

① Wood, Allen W., 1972, "The Marxian critique of justice", *Philosophy and Public Affairs*, Vol.1, No.3, p.255.

② Wood, Allen W., 1979, "Marx on right and justice: a reply to Husami", *Philosophy and Public Affairs*, Vol.8, No.3, p.287.

③ Ibid., p.289.

④ Kymlicka, Will, 2002, *Contemporary Political Philosophy: An Introduction* (Second Edition), Oxford University Press, p.58.

人有着更好的生活前景。罗尔斯指出,自然的自由体系的不正义之处正在于,它允许人们的收入份额受到从道德的观点看非常任意的因素(如人们的家庭出身和自然禀赋)的不恰当影响。①罗尔斯分别提出机会的公平平等原则和差别原则用以消除以上两种因素对人们生活前景的不恰当影响。可以说,作为罗尔斯批评现行分配体制的不正义的规范性前提正是"人们的生活前景不应受道德任意因素的影响"这一道德直觉。

为了看清马克思和罗尔斯对资本主义所作批评的差别,我们不妨设想一下,马克思会如何评判罗尔斯从道德直觉出发对资本主义所作指责。按照马克思的内在正义观念,他会考虑允许道德上任意的因素影响人们的生活前景是否与资本主义生产方式相适应。由于允许人们自然天赋的差别决定收入分配会给予人们足够的经济激励,使得人们充分发展和利用自己的天赋才能,革新技术,创新生产,促进生产力的发展,为进入共产主义社会创造物质条件,因而马克思会认为在人们的自然禀赋和他们的收入份额之间建立很强联系并不是不正义的。我们知道,在《哥达纲领批判》中,马克思认为即使到了实现按劳分配的共产主义的第一阶段,仍不能避免由人们的天赋差别所引起的收入不平等。马克思虽对此表示遗憾,但仍坚持认为"权利决不能超出社会的经济结构以及由经济结构制约的社会的文化发展"②。马克思不会从道德直觉出发去评判社会制度是否正义,而认为应当去考察某种做法是否与生产方式相适应。正如恩格斯在否定了从道德直觉出发评判社会公平与否之后说:"社会的公平或不公平,只能用一种科学来断定,那就是研究生产和交换的物质事实的科学——政治经济学。"③

亨特在寻找一种能够替代新自由主义的社会理想方案的尝试中,企图

---

① [美]约翰·罗尔斯:《正义论》(修订版),何怀宏、何包钢、廖申白译,中国社会科学出版社 2009 年版,第 56 页。
② 《马克思恩格斯文集》第 3 卷,人民出版社 2009 年版,第 435 页。
③ 《马克思恩格斯全集》第 19 卷,人民出版社 1963 年版,第 273 页。

融合马克思和罗尔斯对资本主义的批评，把罗尔斯的正义原则嫁接在马克思对资本主义剥削的揭露上。亨特的尝试没有认真对待马克思和罗尔斯对资本主义批评进路的不同。盲目地将两者融合，非但不会增强彼此的力量，反而会使两者之间迭生龃龉。

第四节　人的观念：历史的还是固化的

马克思对人性的看法具有多重的理论维度。青年马克思的著作中最重要的概念是异化，这里的异化是相对于某种人的类本质来说的，马克思在《1844 年经济学哲学手稿》中将人的类本质规定为自由的有意识的活动，人的异化表现为劳动不再是人的本质力量的外在化，而沦为人们谋生的手段。①自《德意志意识形态》开始，伴随着唯物史观的建立，马克思的思想也逐渐走向成熟。这时，他不再限于关于人的类本质的提法，而认为人具有何种特性，取决于他们生活于其中的社会环境。人的基本生理需求促使人利用自然资源从事生产劳动，而人们在生产的过程中又发展出新的需要，以及满足新的需要的能力。人在改造自然的过程中也在改造着自己，人的性质取决于某一特定社会生产力发展水平上的人的需求状况和能力状况。有些学者指出唯物史观也承认人有一些超越历史的基本的生理需求，并认为这些基本的生理需求构成了人类本性。②然而，基本的生理需求只是对不同历史时期人们具体多样需求的一种抽象，没有所谓前社会的人的基本需求。比如吃，人的生理特性决定了人有着对营养的需要，但人们用何种对象以及以何种方式来满足这种需要，却随社会发展的不同阶段而变化，原始人的茹毛饮血和现代人的均衡饮食当然有很大差异。值得注意的是，尽管马克思

---

① 《马克思恩格斯文集》第 1 卷，人民出版社 2009 年版，第 162 页。

② Geras, Norman, 1983, *Marx and Human Nature：Refutation of a Legend*, Verso, p.69.

在后期著作中也谈到异化,但这时所说的异化不再是相对于人的某种类本质来说的,而是相对于某一生产力发展阶段上人的需求和能力来说的。马克思说在资本主义社会中人的异化达到极点,这正是因为在资本主义社会中,伴随着前所未有的生产力的进步和生产方式的改变,人的需求和能力得到极大发展,而资本主义生产方式又使得大多数人处于困窘的处境中。[①]

在罗尔斯政治哲学的发展过程中,人的观念起着越来越重要的作用。在《正义论》中,对原初状态中人们的描述还更多地让人联想到经济学中理性人的假设。自 1980 年论文《道德哲学中的康德式建构主义》起,罗尔斯突出了道德人的观念在其政治哲学中所起的基础性作用。罗尔斯在该文中指出,设置整个原初状态的依据是具有两种道德能力的自由而平等的人的观念。人有着实践和完善这两种道德能力的兴趣,原初状态把自由而平等的人的观念模拟出来,以使由人们所选出的正义原则所调节的社会基本结构最适于人们发展和使用两种道德能力。在罗尔斯所作澄清中,具有两种道德能力的自由而平等的人的观念是整个正义理论的基础。[②]

布鲁德尼推崇以人的观念为基础的政治哲学阐释框架。以此框架来阐释大多数西方政治哲学理论,尤其是以某种普遍人性观念为基础的契约论政治哲学理论通常都会取得成功。然而,马克思的唯物史观将人性本身也看作是处于历史之中,并随着生产方式的改变而变化的现象。对马克思而言,现实的人总是身处某种特定社会结构之中并受到该社会结构的塑造和

---

① Wood, Allen W., 2004, *Karl Marx* (2nd Edition), Routledge, 2004, p. 36; Sayers, Sean, 1998, *Marxism and Human Nature*, Routledge, p.165.

② 罗尔斯这里所说的人的两种道德能力与康德在《道德形而上学奠基》中所说人的两种实践理性能力有明显的对应关系,因而他的自由而平等的人的观念给人以来源于康德伦理学的印象。(参见[德]伊曼努尔·康德:《道德形而上学奠基》,杨云飞译,人民出版社 2013 年版,第 42 页)部分是为了在不同的伦理学原则之间保持中立,罗尔斯在《政治自由主义》中把自由而平等的人的观念说成是来源于西方民主社会的公共政治文化。[Rawls, John, 1996, *Political Liberalism* (Expanded Edition), Columbia University Press, p.14.]这种看法似乎与马克思关于人性具有历史性的观点吻合。然而,罗尔斯的正义理论由此也失去了对具有不同公共政治文化的非西方社会的普遍适用性。

制约,这就否定了以某种固定的人的观念为基础构建政治哲学理论,然后用所构建的政治哲学理论来指导建立社会结构的可能性。布鲁德尼在从罗尔斯的1980年论文《道德哲学中的康德式建构主义》中找到支撑其正义理论的某种人的观念之后,又"用罗尔斯的范畴和方法来解读马克思",试图在马克思的著作中寻求能够与罗尔斯形成比照的素材。①由于马克思成熟时期的著作淡化了关于人的类本质的提法,布鲁德尼转而在马克思青年时期的著作中寻找素材。他抓住马克思在《詹姆斯·穆勒〈政治经济学原理〉一书摘要》中关于理想人性的某些段落,加以发挥,并论证马克思将接受某种类似于罗尔斯的两个正义原则的正义原则。布鲁德尼从青年马克思在读书笔记中所作的零星评论中发掘证据以佐证他的解读,而完全忽略成熟时期的马克思对同一问题更为深思熟虑的见解,布鲁德尼在马克思和罗尔斯之间所发现的相似性所揭示出的与其说是这两种政治理论的真实联系,不如说是由他自己的方法论教条所引起的先入之见。

小　结

20世纪60年代,美国民权运动如火如荼,推动美国社会取得长足进步,在此背景下,罗尔斯相信自由民主制度会逐步走向正义,在此期间完成的《正义论》也多以美国社会制度构架作为理论建构的原型,该书也被很多西方左翼学者解读为为美国社会现实的辩护之作。但此后美国社会的走向让罗尔斯深感失望,尤其是1976年美国最高法院对巴克利诉法雷奥案(Buckley v. Valeo)的裁决取消了对竞选开支的限制,经济势力影响政治的途径更加畅通,罗尔斯在第一个正义原则中着重加以保障的政治自由的公

---

① ［美］丹尼尔·布鲁德尼:《罗尔斯与马克思:分配正义与人的观念》,张祖辽译,上海人民出版社2017年版,第10页。

平价值终成泡影。①罗尔斯在 2001 年出版的《作为公平的正义——正义新论》中把福利资本主义斥为不正义的社会，更在 2007 年出版的《政治哲学史讲义》中申言他自己的正义理论吸纳并克服了马克思对传统自由主义的批评。此后再把罗尔斯的正义理论解读为资本主义发展新阶段的意识形态是站不住脚的。然而，罗尔斯作为传统社会契约理论的当代继承者，与马克思以唯物史观为基础的政治理论在人的观念、社会观念和对资本主义的批评进路等方面都存在严重分歧，任何试图融合二者的尝试都不应逾越由这些分歧所划定的限度。

---

① Rawls, John, 1996, *Political Liberalism* (Expanded Edition), Columbia University Press, pp.359—360.

第五章
罗尔斯的"两面"和马克思的自由主义批判

罗尔斯 1971 年出版的《正义论》是西方自由主义统绪在社会正义议题上的延续,代表了自由主义的最新发展。尽管罗尔斯的政治哲学属分析进路,行文务求清楚明白,但至少在一个关键问题上罗尔斯并未明确表达立场,即他的正义论和西方福利资本主义社会的关系问题:究竟是罗尔斯的正义原则可在福利资本主义的框架下实现呢,还是实现正义原则要求不同于资本主义的产权结构呢? 从自由主义的历史来看,自由主义者如洛克、亚当·斯密、哈耶克和弗里德曼等都明确表明立场,认为自由主义与资本主义相容,甚至认为只有资本主义制度才能实现自由主义价值。对比而言,罗尔斯在《正义论》全书从未提及"资本主义"一词①,更未对资本主义与他的正义理论的关系明确表态,这一模糊性本身就耐人寻味。

然而,继续保持缄默是不可能的。自马克思将古典自由主义作为资本主义社会的意识形态加以批判之后,所有后来的自由主义倡导者都无法回避自由主义和资本主义社会的关系问题。尤其在学界对罗尔斯正义论与资本主义关系问题争讼不已的情况下,人们更有理由期待罗尔斯在后续作品中明确表达他的立场。然而,罗尔斯后期在这一问题上似乎给出了两个相

---

① DiQuattro，Arthur，1983，"Rawls and Left criticism"，*Political Theory*，Vol.11，No.1，p.56.

反的路标。在 1993 年出版的《政治自由主义》一书中，罗尔斯声称他构建正义理论的起点是从西方社会公共政治文化中提取的理念，这里的"西方社会"指的只能是西方福利资本主义社会。罗尔斯还提出"重叠共识"理念，希望他的正义原则能得到西方多元社会的一致认可，为达此目的不惜降低他的正义理论要求，将最具平等主义倾向的"差别原则"剔除出去。从《政治自由主义》来看，罗尔斯似乎意在提出一种能在西方资本主义社会框架下实现的正义原则。

罗尔斯正义论与福利资本主义的关系议题似乎就以两者的呼应合拍而收场。然而，罗尔斯在 2001 年出版的《作为公平的正义——正义新论》中却明确表明任何资本主义制度都是不正义的，其中包括福利资本主义这样一种迄今最为人道的资本主义变体。一时间罗尔斯正义论与资本主义制度的关系问题再次成为阐释热点，有学者甚至认为罗尔斯已经转变为一个社会主义者，只是出于性格含蓄而不愿作惊世之言。①值得指出的是，《正义新论》虽然出版于 2001 年，但主体内容 1989 年即已完成②，所以我们不能根据出版年份推定《正义新论》代表罗尔斯的最终见解。另一方面，《政治自由主义》和《正义新论》关于罗尔斯正义论与资本主义制度关系的看法也不是截然对立的，罗尔斯在《政治自由主义》中也提到即便作为公平的正义（其中包括差别原则）不能获得普遍赞同，他仍然认为它是最为合理的正义观念，罗尔斯在《正义新论》中也论及西方社会的公共政治文化和重叠共识理念。情况似乎是这样的，罗尔斯在后期哲学中关于他的正义论与资本主义社会关系议题的见解有两条线索，这两条线索在《政治自由主义》和《正义新论》中都能找到，但这两本书分别突出了其中一条线索。

---

① Edmundson，William A.，2017，*John Rawls：Reticent Socialist*，Cambridge University Press，pp.171—172.

② ［美］约翰·罗尔斯：《作为公平的正义——正义新论》，姚大志译，中国社会科学出版社 2011 年版，"编者前言"，第 2 页。

　　罗尔斯到底是要寻找能够在西方自由民主社会获得普遍赞同的正义原则,还是要构建一种理想的正义原则去改变西方社会的现实?从《正义论》的模棱两可,到罗尔斯后期哲学虽清晰却相悖的两条线索,关于罗尔斯正义论与福利资本主义关系议题,我们绕了一圈仍未找到问题的答案。马克思在《论犹太人问题》和《资本论》及其手稿中对自由主义价值和资本主义社会之间的关系作过在我看来迄今最为深入细致的探讨,本章拟借重马克思的分析来解密罗尔斯正义理论和资本主义制度的复杂关系。

第一节　罗尔斯《正义论》的双重面相

　　罗尔斯在《正义论》中提出了著名的两个正义原则。第一个是平等自由原则,该原则保障公民平等的基本权利和自由。第二个正义原则由机会的公平平等原则和差别原则复合而成。机会的公平平等原则要求具有同样天赋才能的人的机会不受家庭出身的影响。差别原则要求经济的不平等能够使社会最不利者的利益最大化。第一个正义原则和第二个正义原则,以及机会的公平平等原则和差别原则都处于严格的词典式序列中,即在充分满足在先的正义原则之后才考虑如何满足靠后的原则。这里说的双重面相指《正义论》中的正义理论既有为资本主义制度辩护的一面,又有颠覆资本主义制度的一面。我们知道,古典自由主义被马克思批评为"资产阶级的现实利益的唯心的表达"①。罗尔斯虽自认为是在洛克、卢梭和康德契约论的自由主义脉络中工作②,但他又不同于哈耶克、弗里德曼和诺奇克等用当代社会科学知识为古典自由主义价值辩护,而是持一种拉帕波特(Rapaprot,E.)

---

① 《马克思恩格斯全集》第3卷,人民出版社1960年版,第216页。
② 〔美〕约翰·罗尔斯:《正义论》(修订版),何怀宏、何包钢、廖申白译,中国社会科学出版社2009年版,"初版序言",第1页。

所说的修正的自由主义(revisionist liberalism)立场①。罗尔斯对资本主义的暧昧态度就体现在他的正义理论与古典自由主义的这种复杂关系中。

第一,古典自由主义将整个社会结构划分为政治和经济两个领域,罗尔斯对此既有继承又有修正。古典自由主义只有平等分配政治权利的单一原则,而忽视对经济领域的调节。古典自由主义者普遍认为经济利益分配是自由市场交换的结果,而自由市场类似于风雨雷电等自然现象,是一种超越人类控制的机制。这就将资本主义生产方式当作一种永恒的自然规律来辩护。生产资料私有是资本主义社会的根本特征之一,古典自由主义将私有制与人的自由联系起来,认为私有财产是保卫人们自由权利的堡垒。

罗尔斯将两个正义原则并置承接了古典自由主义在政治和经济之间的二分。"这些原则预先假定了,出于正义论的目的,社会结构能够划分为两个或多或少不同的部分,第一个原则用于第一个,第二个原则用于第二个。我们区别开社会体系中这样两个方面:一是确定保障公民的平等基本自由的方面,一是规定与确立社会及经济不平等的方面。"②这种二分使罗尔斯可以像古典自由主义者一样,在政治领域要求人们有平等的权利,而在经济领域则容忍不平等。丹尼尔斯(Daniels, Norman)指出:"自由主义理论家一致假定政治平等和显著的社会和经济不平等可以相安无事";"罗尔斯将两个正义原则并置只是结合政治领域的平等与社会和经济的不平等这一早先意图的当代版本"。③但另一方面,与古典自由主义对经济领域放任自流,完全交给自由市场不同,罗尔斯将经济领域也划入正义原则调节的范围。

---

① Rapaport, E., 1977, "Classical Liberalism and Rawlsian Revisionism", in *New Essays on Contract Theory*, Kai Nielsen and Roger Shiner(eds.), Canadian Association for Publishing in Philosophy, pp.95—119.

② [美]约翰·罗尔斯:《正义论》(修订版),何怀宏、何包钢、廖申白译,中国社会科学出版社 2009年版,第 47 页。

③ Daniels, Norman, 1975, "Equal Liberty and Unequal Worth of Liberty", in *Reading Rawls: Critical Studies on Rawls's A Theory of Justice*, Normal Daniels(ed.), Basic Books, pp.253, 280.

虽然他允许经济领域分配的不平等,但他为这种不平等规定了严格条件,即只有能使最不利者利益最大化的不平等才被允许。

第二,差别原则虽然将社会的产权结构纳入调节范围,但短期利益的考虑却倾向于维持现有产权结构。罗尔斯将财产二分为个人财产和生产资料,他的平等自由原则只保障个人财产,而生产资料的分配则由差别原则加以调节。罗尔斯对生产资料的私有和公有问题保持开放。将生产资料所有制问题纳入正义原则调节的范围,而不是像古典自由主义那样将生产资料私有当作不可触碰的神圣信条,这就使罗尔斯有可能挑战资本主义的所有制根基。但另一方面,差别原则要求选择那些将立即最大化最不利者处境的政策,这就排除了激进革命的可能性。巴伯(Barber,B.)指出,差别原则具有惰性,喜欢时间和地点上的接近。如果社会主义革命在一定时期内降低社会生产力水平,这会使最不利者在短期内利益受损,那么差别原则会要求保持现状。甚至罢工运动也会短期内使生产停滞,降低工人工资,差别原则会要求人们做工会的反对者。[1]在西方资本主义社会实现差别原则,如果只考虑最不利者(不熟练工人)的短期利益,那就要继续给企业家经济激励,这就为资本主义关系开了后门。罗尔斯正是以此为企业家和普通工人经济收入的不平等辩护:"这样,在产权民主的社会里,那些作为企业家开始的人可以说比那些从不熟练工人阶层开始的人就有一种较好的前景……他们的较好前景将作为这样一些刺激起作用:使经济过程更有效率,发明革新加速进行等等。"[2]

第三,差别原则是否要求改变资本主义社会的产权结构取决于何种经济学理论被接受。差别原则要求社会最不利者的利益最大化,按照新古典

---

[1] Barber, B., 1975, "Justifying Justice", in *Reading Rawls: Critical Studies on Rawls' A Theory of Justice*, Norman Daniels(ed.), Basic Books, pp.305—306.

[2] [美]约翰·罗尔斯:《正义论》(修订版),何怀宏、何包钢、廖申白译,中国社会科学出版社2009年版,第61页。

经济学,只有让自由市场调节经济运行,从长远来看社会底层的利益才能得到最大化,政府的干涉只能造成更严重的失业和贫困。例如哈耶克就认为他跟罗尔斯没有分歧。①康宁(Connin, Lawrence J.)解释道:"从哈耶克的视角观之,差别原则不是要论证政府应当平等化经济状况,而是要认可并支持收入差别的功能性质。"②按照凯恩斯主义,由于穷人的需求更为旺盛,通过再分配提高穷人的购买力,可以刺激生产,扩大就业,这反过来可以进一步增加就业,提高工资,使得整个经济螺旋上升。凯恩斯主义要求在保留资本主义基本经济制度的框架下,对产权结构进行微调,提高社会底层福利水平。而按照马克思主义,只有改变资本主义社会的产权结构,推翻生产资料私人所有,才能使工人阶级改变被剥削的命运。由此可见,差别原则最大限度提高最不利者利益的要求是否具有改变资本主义产权结构的现实意涵取决于具体的经济学理论。按照新古典经济学,差别原则要求放任资本主义;按照凯恩斯主义,差别原则要求福利资本主义;而按照马克思主义经济学,差别原则要求推翻资本主义。

罗尔斯在《正义论》第二编中关于实现其正义原则的具体经济制度的讨论"建基于凯恩斯主义关于市场的缺陷及需要国家改变其运行的大致观点"③。例如罗尔斯谈到差别原则的满足需要转让部门"确保一定的福利水平,并高度重视需要的权利"④,这与凯恩斯要求的社会福利政策是一致的。当时在西方经济理论中占主导地位的凯恩斯主义对与资本主义相适应的经济政策有着区别于新古典经济学的理解。不像新古典经济学那样禁止国家干预经济,凯恩斯主义认为只有国家对经济运行和社会福利进行广泛干预,

① Hayek, F. A., 2013, *Law*, *Legislation and Liberty*, Routledge, p.261.
② Connin, Lawrence J., 1985, "On Diquattro, 'Rawls and Left Criticism'", *Political Theory*, Vol.13, No.1, p.140.
③ Smith, Tony, 2017, *Beyond Liberal Egalitarianism*, Brill, p.36.
④ [美]约翰·罗尔斯:《正义论》(修订版),何怀宏、何包钢、廖申白译,中国社会科学出版社 2009 年版,第 218 页。

资本主义才能顺利运行。凯恩斯主义对政府干预资本主义经济的辩护很大
程度上使得罗尔斯对社会底层福利的偏惠不被看作与资本主义制度冲突。
这也就解释了为什么罗尔斯的差别原则虽然不把生产资料私有制作为一项
基本权利，但《正义论》仍被广泛认为是为资本主义辩护的作品。

　　罗尔斯关于其正义理论与福利资本主义制度关系的两面性使得学界的
解读也呈现出截然对立的两派。一派认为罗尔斯的《正义论》是为福利资本
主义的辩护之作①，另一派则认为罗尔斯挑战了福利资本主义的根本制度
构架②。罗尔斯在 1999 年出版的修订版《正义论》的"修订版序言"中说：
"我现在想做的另一个修正是要在一种产权民主的观念与一种福利国家的
观念之间做更明确的划分。这两个观念是相当不同的，但由于它们都允许
生产资料的私有制，我们可能被误导，以为它们根本上是一样的。"③罗尔斯
这里似乎肯定了《正义论》与福利资本主义不相容的解读。然而，这只是罗
尔斯的后见之明，并不能作为解读《正义论》的可靠指导。"我们可能被误
导"中的"我们"完全可能包括 1971 年的罗尔斯自己。史密斯（Smith，
Tony）指出："直至 1999 年的《万民法》，罗尔斯的文本都没有让读者有理由
相信他已经与凯恩斯主义的以下论断切割：资本主义可以通过改革变得合
乎规范性标准。"④在现实评论方面，虽然《正义论》认为现存产权体制"充满
严重不正义"⑤，但埃德蒙森（Edmundson，William A.）认为罗尔斯在《正义

①　Wolff，Robert Paul，1977，*Understanding Rawls*，Princeton University Press，p.86；Macpherson，C. B.，1973，"Rawls's Models of Man and Society"，*Philosophy of the Social Sciences*，Vol.3，No.4，pp.341—347.

②　DiQuattro，Arthur，1983，"Rawls and Left criticism"，*Political Theory*，Vol.11，No.1，pp.53—78；Krouse，Richard，and McPherson，Michael，1988，"Capitalism，'Proper-Owning Democracy'，and the Welfare State"，in *Democracy and the Welfare State*，Amy Gutmann (ed.)，Princeton University Press.

③　［美］约翰·罗尔斯：《正义论》（修订版），何怀宏、何包钢、廖申白译，中国社会科学出版社 2009 年版，"修订版序言"，第 4 页。

④　Smith，Tony，2017，*Beyond Liberal Egalitarianism*，Brill，p.313.

⑤　Rawls，John，1971，*A Theory of Justice*，Belknap Press of Harvard University Press，p.87.

论》中的另一些表述则表明他认为 1971 年左右的美国大体上是正义的。[1]
总之，无论是理论意涵，还是现实评论，罗尔斯《正义论》中关于福利资本主
义的态度都是暧昧不明的。

第二节　马克思的自由主义批判

自由主义是西方近三百多年占统治地位的政治思想。自由主义以自由
和平等为根本价值，并诉诸个人权利来实现这两种价值。马克思是自由主
义的激进批判者，但人们长期将马克思的"激进批判"等同于"简单否定"。
持这种偏颇之论的既有马克思主义者，也有自由主义者。有些马克思主义
者认为自由主义价值观念产生于资本主义商品交换关系，所谓人权的唯一
用处在于为自私自利的个人在资本主义市场上的经济活动辩护，随着商品
交换关系在共产主义社会的消亡，自由平等等价值也就随之消亡。有些自
由主义者则认为自由平等等自由主义价值具有永恒的意义，自由主义权利是
好生活须臾不可分离的必要条件，马克思对这些价值和权利的否定导致了前
苏联国家的人道主义灾难。以上马克思主义者和自由主义者的共识在于都认
为马克思反对自由主义的一切价值，尽管对此的评价相反。以上两种阐释忽
视了马克思对自由主义的态度并不是简单否定，而是辩证的扬弃。沃尔德伦
（Waldron，Jeremy）、塞耶斯（Sayers，Sean）和肖赫德布罗德（Shoikhedbrod，
Igor）等学者的新近研究揭示了马克思和自由主义之间关系的复杂性。

马克思在《论犹太人问题》中将人的自由、平等和安全等权利定性为"无
非是利己的人的权利、同其他人并同共同体分离开来的人的权利"[2]。马克

---

① Edmundson，William A.，2017，*John Rawls：Reticent Socialist*，Cambridge University Press，pp.3，6.

② 《马克思恩格斯文集》第 1 卷，人民出版社 2009 年版，第 40 页。

思的类似评论使得将《论犹太人问题》解读为谴责自由主义权利观念的檄文成为一种"阐释惯例"①。然而,这一解读忽视了马克思在公民的权利和人的权利之间所作的区分。②马克思所说的人的权利有特殊含义,特指在市民社会中人的权利,即与资本主义经济活动相关的以财产权为核心的各种权利。马克思并未反对公民的权利,公民的权利指参与政治讨论、就与己相关的公共议题发表见解的权利。另外,马克思从未反对过言论、出版、集会等自由。马克思将公民权利与政治解放联系在一起,政治解放将人从封建特权和等级制的重压下解放出来,摆脱了封建社会人与人之间的直接从属关系,使人们至少在法律上成为自由平等之人。马克思认为"政治解放当然是一大进步,尽管它不是普遍的人的解放的最后形式,但在迄今为止的世界制度内,它是人的解放的最后形式"③。

当然,"政治解放"有其难以克服的内在缺陷,还远远不是"人的解放"。马克思批判的"政治解放"的内在缺陷可概括为两个方面。第一,"政治解放"只是在政治领域实现了人的自由和平等,它未将经济领域囊括在内。由于人的类本质的首要表现领域是物质生产领域,而非政治领域④,即便经历了政治解放,人类总体上仍过着异化生活。"在利己的需要的统治下,人只有使自己的产品和自己的活动处于异己本质的支配之下,使其具有异己本质——金钱——的作用,才能实际进行活动,才能实际生产出物质。"⑤第二,在政治和经济二分的情况下,政治领域的权利也必然为经济领域的私利服务,"虽然在观念上,政治凌驾于金钱势力之上,其实前者是后者的奴

---

① Leopold,David,2007,*The Young Karl Marx*,Cambridge University Press,p.150.

② Waldron,Jeremy,1987,"*Nonsense Upon Stilts*":*Bentham*,*Burke and Marx on the Rights of Man*,Methuen,pp.129—130.

③ 《马克思恩格斯文集》第1卷,人民出版社2009年版,第32页。

④ Waldron,Jeremy,1987,"*Nonsense Upon Stilts*":*Bentham*,*Burke and Marx on the Rights of Man*,Methuen,p.131.

⑤ 《马克思恩格斯文集》第1卷,人民出版社2009年版,第54页。

隶"①。在封建社会,经济活动本身就有政治的性质,例如同业工会具有政治意涵,特许权与社会等级联系起来。政治革命一方面"把国家事务提升为人民事务,把政治国家组成为普遍事务",另一方面也使市民社会的要素独立出来,"摆脱政治桎梏同时也就是摆脱束缚住市民社会利己精神的枷锁"。②马克思认为历史发展的最终目标是人的解放,人的解放要求打破政治和经济领域的二分,在经济领域也不受异己力量的支配,使人的全部力量都回归于自身。可见,马克思并不是反对自由主义的一切权利,他反对的是自由主义将解放局限在政治领域,而在经济领域则放任市场力量操控。

马克思在写作《论犹太人问题》时还没有深入研究政治经济学,也还没有完成历史唯物主义转向。在《资本论》及其手稿中,马克思对以上看法进行了更为深入的论证。马克思在《政治经济学批判大纲》中明确指出了自由主义在政治领域宣扬的自由平等等价值最终来源于商品交换。"作为纯粹观念,平等和自由仅仅是交换价值的交换的一种理想化的表现;作为在法律的、政治的、社会的关系上发展了的东西,平等和自由不过是另一次方上的这种基础而已。"③那么作为纯粹观念的平等和自由又是如何发轫于资本主义商品交换的呢? 马克思在《政治经济学批判大纲》中揭示了自由平等等自由主义价值在资本主义生产方式中的根基。一方面,商品交换遵循等价交换原则,被交换物品包含等量的抽象劳动,等价商品持有者作为交换主体的地位是平等的。"对卖者来说,一个用 3 先令购买商品的工人和一个用 3 先令购买商品的国王,两者职能相同,地位平等——都表现为 3 先令的形式。"④另一方面,商品交换遵循自愿交换的原则,买卖双方有契约自由。"尽管个人 A 需要个人 B 的商品,但他并不是用暴力去占有这个商品,反过

---

① 《马克思恩格斯文集》第 1 卷,人民出版社 2009 年版,第 51 页。

② 同上书,第 44—45 页。

③ 《马克思恩格斯全集》第 30 卷,人民出版社 1995 年版,第 199 页。

④ 同上书,第 201 页。

来也一样,相反地他们互相承认对方是所有者,是把自己的意志渗透到商品中去的人格。因此,在这里第一次出现了人格这一法的因素以及其中包含的自由的因素。"①马克思将人类社会从低到高大致划分为以人的依赖关系为基础的社会(奴隶社会和封建社会)、以物的依赖性为基础的社会(资本主义社会)和人的全面发展的社会(共产主义社会)。②资本主义社会的即便仅仅是形式上的自由和平等也打破了奴隶社会和封建社会的人与人之间直接的奴役关系,马克思从未否定过这是历史的巨大进步。

马克思虽然对自由主义的自由和平等的历史意义予以肯定,但他同时指出在资本主义社会,这种自由和平等具有内在的缺陷。马克思的指责可概括为两点。第一,由于生产资料的私有,资本家对工人有议价能力,工人不得不以低于其劳动力在使用过程中创造的价值的价格出卖劳动力,接受资本家的剥削。以上自由平等等价值只局限在商品交换领域,一旦深入资本主义生产领域,自由、平等和互惠就变成了强制、不平等和剥削。第二,在政治和经济二分的情况下,商品交换领域的自由和平等就变成了一种意识形态,为生产领域的奴役和剥削辩护。资产阶级经济学家正是以劳动力买卖双方的自由和平等来为资本主义雇佣关系辩护。马克思在这里对商品交换领域自由和平等的批评与在《论犹太人问题》中对政治解放的批判具有对应性,正如肖赫德布罗德所说:"正如《论犹太人问题》从自由国家到社会的转移揭示了不平等和依附的持存,从独立商品生产者到资本主义生产关系的转移则揭示了后者中存在的巨大不平等和宰制。"③

无论是在《论犹太人问题》还是在《资本论》及其手稿中,马克思都没有对"政治解放"或者自由主义价值一概否定,而是在肯定其积极意义的同时,

---

① 《马克思恩格斯全集》第 30 卷,人民出版社 1995 年版,第 198 页。
② 同上书,第 107 页。
③ Shoikhedbrod, Igor, 2019, *Revisiting Marx's Critique of Liberalism：Rethinking Justice，Legality and Rights*，Palgrave Macmillan, p.72.

指出在资本主义制度的限度内,不可能进一步完成人的解放,或是将自由主义价值贯彻到资本主义生产领域。如要真正实现自由主义价值,就要打破资本主义私有制。"[马克思的]立场意味着作为自由主义的核心价值的自由只能在自由主义社会部分得到实现。而只有对社会秩序作激进变更自由方可完全实现。"①"马克思批判自由主义的要点在于以下洞见:由于自由主义权利所处的政治经济语境是生产领域的剥削和阶级宰制,自由主义无法实现其自由和平等的理想。"②

第三节　罗尔斯后期转向的两个相反路标

按照马克思对资本主义制度和自由主义的批判,自由主义的自由平等等价值不可能在资本主义制度内真正得以实现。由此我们不难理解,罗尔斯的《正义论》因何呈现出两种无法调和的面相。第一,罗尔斯在《正义论》中一反古典自由主义只保障政治领域的权利和自由,而对经济领域则保持沉默,将其交由资本主义自由市场调节的做法,将经济和社会的不平等也纳入正义原则的调节范围,但罗尔斯正义原则所预设的政治和经济的二分又使他可以认为经济收入的差异不影响人们自由权利的平等。③这与马克思在《论犹太人问题》中批判"资产阶级政治解放不能将自由主义价值贯彻到市民社会,即人们的经济活动领域"相呼应。第二,罗尔斯差别原则虽不将生产资料私有视为不可侵犯的神圣信条,但它对最不利者短期利益的偏好

---

① Sayers, Sean, 2015, "Marx as a Critic of Liberalism", in *Constructing Marxist Ethics：Critique*，*Normativity*，*Praxis*，Michael J. Thompson(ed.)，Brill，p.155.

② Shoikhedbrod, Igor, 2019, *Revisiting Marx's Critique of Liberalism：Rethinking Justice*，*Legality and Rights*，Palgrave Macmillan，pp.6—7.

③ [美]约翰·罗尔斯:《正义论》(修订版),何怀宏、何包钢、廖申白译,中国社会科学出版社 2009 年版,第 160 页。

又使其具有保持现状的惰性。马克思不否认在资本主义社会中,工人阶级不出卖劳动力就会饿死,在这种情况下工人阶级的最佳利益就是与现存体制妥协。但马克思认为变革生产资料私人所有制才是工人阶级的长期利益之所在。第三,差别原则是否要求激进的社会改革又依赖于何种经济学理论被接受。罗尔斯正义原则虽可能对当时的西方社会构成批判,但在具体实施时,罗尔斯又期望能在福利资本主义的社会框架内,在不改变产权结构的基础上,通过转移支付等收入再分配政策达成以上目标。从具体政策看是在为福利资本主义辩护,但从正义原则的规范性要求来看,进行产权变革是应有之义。

按照马克思的分析,自由主义价值无法在资本主义制度框架内真正实现,若要实现价值和现实的合拍,自由主义有两条途径,一条路径是降低规范性要求,将自由主义实现领域局限于政治领域的形式的自由和平等,古典自由主义者(如洛克)正是这样做的;另一条路径是坚持自由主义的价值标准,要求进行产权变革,颠覆资本主义制度,这就是恩格斯在《反杜林论》所说的:"平等应当不仅仅是表面的,不仅仅在国家的领域中实行,它还应当是实际的,还应当在社会的、经济的领域中实行。"[1]

当罗尔斯在后期著作中直面他的正义理论和资本主义社会关系问题时,我们可以析分出罗尔斯摆脱《正义论》中困境的两条线索,这两条线索有意或无意地依循着马克思对自由主义困境的诊断。在《政治自由主义》中,罗尔斯认为他是在为宪政民主体制构建能得到普遍赞同的正义原则,罗尔斯用"重叠共识"这一理念来表达他的抱负。如果说宪政民主体制未必专指西方福利资本主义社会,那么当罗尔斯期待他的正义观念能够得到不同整全性学说普遍认可的时候,他指的是西方社会流行的各种哲学、宗教和伦理观念,这些观念不可避免地受到资本主义生产方式的塑造,它们也必然与资

---

[1]　《马克思恩格斯文集》第 9 卷,人民出版社 2009 年版,第 112 页。

本主义制度相容。与资本增殖逻辑不相容的整全性学说必然被淘汰。[1]在这些整全性学说中寻求共识，所得到的正义原则必然也与资本主义制度相容。由于罗尔斯在《正义论》中提出的两个正义原则可能会要求对现有产权结构作激进变革，罗尔斯必然要对其进行修正，降低其规范性要求。

事实上，罗尔斯也正是这样做的。他认为合法政治强力的行使需要符合一部能够合理期待能得到人们普遍同意的宪法。罗尔斯区分了宪法要件和基本正义问题，宪法要件的内容基本上等同于罗尔斯的第一个正义原则，而调节社会和经济不平等的第二个正义原则则不属于宪法要件，而属于基本正义问题。尤其是罗尔斯认为差别原则的要求由于太过苛刻而被排除出宪法要件。[2]取差别原则而代之的是对一种最低生活保障的规定。我们知道，保障公民法律上的基本权利和自由，并对生活底层提供（甚至是相当高的）生活保障正是福利资本主义的诉求。罗尔斯为了谋求他的正义观念和西方资本主义社会的合拍而不惜降低他的正义原则的规范性要求，使其适合福利资本主义制度。

如果说《政治自由主义》鲜明体现了马克思对自由主义和资本主义社会矛盾诊断的第一条解决途径，即降低规范性要求以适应现实状况，那么《正义新论》则着重体现了马克思提供的第二条解决途径，即坚持他的正义观念，同时要求变革资本主义产权关系。资本主义迄今为止大致可划分为两种形式：自由放任的资本主义和福利国家的资本主义。罗尔斯在《正义新论》中认为这两种资本主义都是不正义的。自由放任的资本主义以效率为首要价值，它"仅仅保证形式的平等，而否认平等的政治自由的公平价值和公平的机会平等"[3]，因而极大背离了罗尔斯的正义原则。与自由放任的资

---

① Smith，Tony，2017，*Beyond Liberal Egalitarianism*，Brill，p.118.

② Rawls，John，1996，*Political Liberalism*（Expanded Edition），Columbia University Press，pp.228—229.

③ ［美］约翰·罗尔斯：《作为公平的正义——正义新论》，姚大志译，中国社会科学出版社 2011 年版，第 167 页。

本主义相比,福利国家的资本主义要更为正义,但与罗尔斯构想的正义社会仍有较大差距。"尽管它对机会平等还有某种程度的关切,但是缺少实现机会平等所需的相应政策……虽然福利的供给可能是十分充裕的……但是规范经济不平等和社会不平等的互惠性原则却没有得到承认。"①前文说过,《正义论》大体上是在凯恩斯经济学背景下讨论实现差别原则的具体政策,但罗尔斯《正义新论》中对差别原则的讨论表明他更多受到马克思主义政治经济学的影响。罗尔斯在《正义论》中也讨论阶级②,但这里的"阶级"沿用社会学中的通行用法,以经济收入划分社会群体。③以收入为标准划分的阶级并不表明不同阶级之间的剥削与被剥削关系,例如一个社会阶级中的有些成员可能是大公司的高级雇员,而另一些成员则可能是小企业主。马克思所谓"阶级"特指在生产资料所有制中的地位。罗尔斯在《正义新论》中改用马克思的定义来讨论阶级,并指出福利国家的资本主义的不正义之处正在于"准许一个由很少人组成的阶级来垄断生产资料"④。对马克思政治经济学的吸收使得罗尔斯对差别原则的现实意涵有着更为激进的理解,即实现社会正义要进行广泛的产权变革。

小　结

尽管罗尔斯在《正义论》的"修订版序言"中澄清他在 1971 年就试图与资本主义制度划清界限,但从文本上看,1971 年版《正义论》中对实现正义

---

① ［美］约翰·罗尔斯:《作为公平的正义——正义新论》,姚大志译,中国社会科学出版社 2011 年版,第 167 页。

② Rawls, John, 1971, *A Theory of Justice*, Belknap Press of Harvard University Press, p.98.

③ Nielsen, Kai, 1978, "On the Very Possibility of a Classless Society: Rawls, Macpherson, and Revisionist Liberalism", *Political Theory*, Vol.6, No.2, pp.193—194.

④ ［美］约翰·罗尔斯:《作为公平的正义——正义新论》,姚大志译,中国社会科学出版社 2011 年版,第 169 页。

原则的制度的设计都是基于对西方（主要是美国）社会制度的改进。其时，罗尔斯关于"其正义原则于资本主义社会关系"问题的态度的确暧昧不明。

钱伯斯（Chambers，Simone）指出："《正义论》之后，差别原则开启了怪异的双重生活。一方面罗尔斯从未放弃认为差别原则（或与之非常类似的原则）是最为合理的正义观念的一个部分（钱伯斯这里引证《政治自由主义》。——引者注）……因而直到最后罗尔斯仍坚持认为福利国家的资本主义在一些根本方面是不正义的。但另一方面，在阐明一种正义的政治观念时罗尔斯认识到分配正义原则面临太多争议，因而不能成为宪法要件……一个适当的社会最低额（钱伯斯这里引证《正义新论》。——引者注）取代了差别原则。"①钱伯斯认为罗尔斯在《正义论》中已经用差别原则为标准指责福利资本主义的不正义，《正义新论》继续了这一指责。笔者认为罗尔斯在《正义论》中对差别原则与福利资本主义的关系判定具有模糊性，随着他在《正义论》之后对马克思主义政治经济学的更多接受他对差别原则的现实意涵有了更为激进的理解，这才将福利国家的资本主义判为不正义。除此以外，我同意钱伯斯对差别原则在《正义论》之后两种际遇的描述。笔者认为，马克思对自由主义和资本主义复杂关系的诊断能够很好地解释罗尔斯何以为差别原则设置了这两条相反的命运。

---

① Chambers，Simone，2012，"Justice or Legitimacy, Barricades or Public Reason? The Politics of Property-Owning Democracy", in *Property-Owning Democracy：Rawls and Beyond*，Martin O'Neill and Thad Williamson(eds.)，Wiley-Blackwell，pp.26—27.

第六章
唯物史观视角中的罗尔斯正义理论

罗尔斯 1971 年出版的《正义论》表述了一种西方迄今关于社会正义最为精致完善的理论,自引介入我国以来,反响强烈,逐渐成为显学。该书虽酝酿并成书于冷战期间,但罗尔斯并没有受到意识形态争论的左右,他认为其正义理论在某些历史文化条件下也适用于社会主义制度。①罗尔斯还认为市场经济作为一种配置资源的有效手段,也能为社会主义政权所用。②中国特色社会主义实践必然面对诸多涉及分配正义的问题,而作为指导思想的马克思主义并不包含一个现成的正义理论可用于指导社会主义市场经济建设。基于以上现实任务和理论背景,一些有现实关怀的学者建议借鉴罗尔斯的正义理论解决我国贫富悬殊等社会问题。还有学者认为罗尔斯继承和完善了马克思主义,罗尔斯的《正义论》"意义不仅在政治解放,更在于人的解放"③。

马克思的唯物史观包含一个关于社会意识的部分,能够说明各种社会理论产生的原因和机制,从这个意义上说,唯物史观包含一个元理论部分。要确定罗尔斯的正义理论与中国特色社会主义实践及马克思主义的关系,

---

① [美]约翰·罗尔斯:《正义论》(修订版),何怀宏、何包钢、廖申白译,中国社会科学出版社 2009 年版,第 220 页。

② 同上书,第 214 页。

③ 倪寿鹏:《正义的多面孔:马克思与罗尔斯》,《哲学研究》2017 年第 8 期,第 10 页。

首先要从唯物史观角度对罗尔斯正义理论本身进行诊断。西方学界的现有研究还没能为我们提供一个现成的诊断报告,他们中的大多数都把唯物史观本身看作一个疑问,而不是(如我们所认为的)分析社会历史问题的一个可靠方法和视角。例如致力于对马克思和罗尔斯进行比较研究的美国学者佩弗在其《马克思主义、道德和社会正义》一书的导言中就言明他所重构的马克思主义道德和政治理论与历史唯物主义相脱离。①因而,该书第三部分虽声称对罗尔斯的正义原则进行马克思主义的修正,但始终未从唯物史观出发检视罗尔斯的正义理论。而这正是笔者的写作意图。

第一节 罗尔斯克服马克思对
传统自由主义的批评的尝试

罗尔斯在《正义论》中以社会契约论方法论证了两个正义原则,第一个是平等自由原则,第二个正义原则包括机会的公平平等原则和差别原则。两个原则之间存在一种严格的词典式序列,在转到第二个正义原则之前必须充分满足第一个原则。罗尔斯由此固守住了传统自由主义的底线,主张任何对社会和经济不平等的调节都不能侵犯自由权利。我们当然不能因为罗尔斯延续传统自由主义的契约论传统,而马克思又是传统自由主义最大的批判者,就断定罗尔斯的正义理论与马克思主义必定难以相容。原因在于,虽然马克思在《论犹太人问题》和《哥达纲领批判》等著作中对传统自由主义进行了猛烈批评,但罗尔斯作为自由主义在 20 世纪最重要的代表(之一)具有某种理论上的"后发优势"。也即是说,罗尔斯能够在其理论中吸收并试图规避马克思对传统自由主义的批评。事实上,罗尔斯的确将这种"后

---

① Cf. Peffer, Rodney G., 1990, *Marxism*, *Morality*, *and Social Justice*, Princeton University Press, p.25.

发优势"善加利用。笔者将罗尔斯对传统自由主义缺点的克服概括为以下四个方面。①

第一,马克思在《政治经济学批判大纲》中批评传统自由主义惯用的社会契约论方法所设想的自然状态中的"天生独立的主体……只是大大小小的鲁滨逊一类故事所造成的美学上的假象"②。马克思在这里指责传统自由主义将只是在资本主义阶段中出现的人的观念误认为人的亘古不变的本性,从而忽视了人的观念的历史性。虽然罗尔斯在《正义论》中设置的处于原初状态中的虚拟人难免给人以缺乏历史性的印象,但在后来所做的澄清中,罗尔斯承认了社会制度对人的塑造作用,并指出他所倚赖的自由而平等的人的观念产生自西方民主社会。③

第二,马克思在《论犹太人问题》中指出:"虽然在观念上,政治凌驾于金钱势力之上,其实前者是后者的奴隶。"④马克思在这里指出了传统自由主义保障的公民的政治权利只具有形式的意义,而实际上在资本主义社会政治是被钱袋子操控并为后者服务的。为克服传统自由主义的这一缺陷,罗尔斯的第一个正义原则除延续西方自由主义传统,要求保障平等的基本权利和自由以外,还要求堵塞金钱影响政治的通道,实现政治自由的公平价值。

第三,马克思和恩格斯都指责传统自由主义只关注政治领域的权利平等,而忽略社会和经济领域的不平等。恩格斯在《反杜林论》中指出:"平等应当不仅仅是表面的,不仅仅在国家的领域中实行,它还应当是实际的,还

---

① 罗尔斯也曾在其后期著作中独辟专章讨论他如何克服马克思所指出的传统自由主义的缺陷,笔者的以下概括只在第二点上与罗尔斯自己的论述重合。(参见[美]约翰·罗尔斯:《作为公平的正义——正义新论》,姚大志译,中国社会科学出版社 2011 年版,第 213 页)

② 《马克思恩格斯全集》第 30 卷,人民出版社 1995 年版,第 22 页。

③ [美]约翰·罗尔斯:《作为公平的正义——正义新论》,姚大志译,中国社会科学出版社 2011 年版,第 12 页。

④ 《马克思恩格斯文集》第 1 卷,人民出版社 2009 年版,第 51 页。

应当在社会的、经济的领域中实行。"①与传统自由主义保障政治领域的平等权利的单一原则相比,罗尔斯认识到了社会和经济结构对人们生活的重要影响,从而提出了用于调节社会和经济不平等的第二个正义原则,从而打破了传统自由主义只关注政治领域的局限性。

第四,与第三点相关,传统自由主义还经常遭到马克思主义者的一个指责是它忽视并掩盖了在社会和经济领域资本家对工人的强制和剥削,因而成为资产阶级麻痹无产阶级的意识形态工具。与之形成鲜明对比的是,罗尔斯的差别原则有着激进的平等主义倾向,不是简单要求提高累进税率、增加社会底层人口福利等不触动资本主义制度的改良性措施,而是要求重新思考社会财产关系的基本结构。对此,下一节将进行深入论析。

鉴于罗尔斯正义理论对传统自由主义以上缺陷的弥补,我们不能简单地将前者贴上自由主义的标签,然后以马克思反对自由主义为由将其丢弃。因而有必要从唯物史观视角重新审视罗尔斯对自由主义所做的最新发展,确定罗尔斯正义理论在马克思主义政治哲学坐标中的准确定位。

第二节　唯物史观作为解读罗尔斯
批评资本主义进路的钥匙

如果说传统自由主义是"资产阶级的现实利益的唯心的表达"②,那么罗尔斯所建构的正义理论(尤其是后期修正后的正义理论)则对西方资本主义秩序具有颠覆性。③罗尔斯以社会契约论为介质,从西方社会公共政治文

---

① 《马克思恩格斯文集》第 9 卷,人民出版社 2009 年版,第 112 页。
② 《马克思恩格斯全集》第 3 卷,人民出版社 1960 年版,第 216 页。
③ 埃德蒙森甚至认为罗尔斯后期虽未明言,但实际上已经转变为一个社会主义者。笔者对埃德蒙森的发挥持保留态度。(Cf. Edmundson, William A., 2017, *John Rawls: Reticent Socialist*, Cambridge University Press)

化中的规范性理念中引申出他的著名的两个正义原则,而以之观照现实,罗尔斯却认为西方社会是不正义的。罗尔斯所揭示出的西方社会"现存财产关系及财富分配与政治文化之间的不一致"①让钱伯斯等学者大惑不解。本节将论证:只有以马克思关于资本主义意识形态的理论为基础,罗尔斯对西方社会现实的批评才是可理解的,而对于罗尔斯的批评进路,马克思却难以赞同。

一、罗尔斯批评资本主义之谜

罗尔斯在《正义论》中借用经济学家米德(Meade,James)所设想的一种财产所有民主制作为正义制度的例示。②由于财产所有民主制允许生产资料的私有,而罗尔斯在该书中又未对当时西方的福利资本主义制度作出评价,大部分学者把罗尔斯所说的财产所有民主制解读为一种改进的福利资本主义制度。罗尔斯在《作为公平的正义——正义新论》中消除了这种模糊性,对资本主义制度作出了明确评价。罗尔斯认为,以他的两个正义原则为参照,福利国家的资本主义虽比自由放任的资本主义有所进步,但由于它仍然摒弃政治自由的公平价值,缺少实现机会平等的政策举措,在社会经济领域没有承认互惠性原则,所以仍然是不正义的社会制度。③

罗尔斯是如何达到作为参照标准的两个正义原则的呢? 罗尔斯承继了洛克、卢梭和康德的社会契约论传统,认为任何关于社会正义的论证都要诉诸社会契约订立者的选择,《正义论》第三章的内容就是论证这两个正义原则会被选择。任何社会契约论都有一个关于最初处境的说明,例如传统契

---

① Chambers,Simone,2012,"Justice or Legitimacy,Barricades or Public Reason? The Politics of Property-Owning Democracy",in *Property-Owning Democracy*:*Rawls and Beyond*,Martin O'Neill and Thad Williamson(eds.),Wiley-Blackwell,p.22.

② [美]约翰·罗尔斯:《正义论》(修订版),何怀宏、何包钢、廖申白译,中国社会科学出版社 2009 年版,第 216 页。

③ [美]约翰·罗尔斯:《作为公平的正义——正义新论》,姚大志译,中国社会科学出版社 2011 年版,第 167 页。

约论的自然状态,而罗尔斯则把最初处境阐释为原初状态。原初状态的特点在于引入了无知之幕用于屏蔽社会契约订立者关于自己的家庭出身、自然禀赋和生活计划等信息,无知之幕中的各方是在不知道自己身份的状况下选择正义原则的。

罗尔斯在《作为公平的正义——正义新论》等后期著作中将他的论证方法描述为一种建构主义,他试图从西方民主社会的公共政治文化中提取一些隐含的理念,然后在无知之幕中将这些理念模拟出来,最后得到与这些理念对应的正义原则。罗尔斯认为西方民主社会的公共政治文化包含的两个最重要的理念是"作为公平合作体系的社会"的理念和"自由而平等的人"的理念。这些理念无论是在西方社会的政治思想中,还是在对其制度所做的解释(例如由法院或被看作具有持久意义的历史的或其他文献所做的解释)中,都起了基础性作用。[1]社会是一个公平合作体系,即是说指导社会合作的规则是互惠的,每个参与者都适当地受益。[2]公民是自由而平等的,即是说公民拥有在理性的和合理的基础上修正和改变其生活计划的能力,而作为社会合作的参与者具有平等地位。[3]罗尔斯使各方当事人在原初状态中处于平等的地位,并用无知之幕遮蔽掉会扭曲人们选择的信息,从而模拟出以上两个理念。由此选出的正义原则将是自由而平等的公民之间公平的社会合作条款。

概言之,罗尔斯对西方资本主义社会的批评分为两个步骤。第一步,罗尔斯从隐含于西方民主社会的公共政治文化中的社会和人的理念出发,通过原初状态模拟出这两个理念的规范性要求,然后诉诸原初状态中人们的选择得出与这两个理念相适应的正义原则;第二步,罗尔斯以两个正义原则

---

[1] [美]约翰·罗尔斯:《作为公平的正义——正义新论》,姚大志译,中国社会科学出版社 2011 年版,第 12—13 页。

[2] 同上书,第 13 页、第 64 页。

[3] 同上书,第 29—31 页。

作为规范性标准观照西方社会的现实，揭示福利资本主义对正义原则的违反，由此得出西方资本主义社会不正义的结论。

罗尔斯仅仅诉诸对内在于西方社会秩序的一些理念的反思，就达到了"西方社会不正义"的结论，这甚至让一些北美学者都感到大惑不解。例如钱伯斯就指出："罗尔斯从暗含于我们的政治文化中的一些理念出发，却达到了一个远超他所生活于其中的政治文化所准备考虑的平等主义见解，这正是让人困惑之处。"[1]

二、对罗尔斯批评资本主义进路的唯物史观解析

钱伯斯等学者之所以感到困惑，是因为罗尔斯没能为以下悖论提供解释：一方面西方资本主义社会的公共政治文化包含了诸如"自由而平等的人"和"作为公平合作体系的社会"等规范性理念，另一方面西方社会的现实却又无法实现这些理念，因而从这些理念引申出的正义原则可被用来批评西方社会的现实。

罗尔斯没能解释的悖论，马克思却早已在他对资本主义意识形态的分析中为我们提供了科学的解释。马克思把资本主义经济生活划分为流通领域和生产领域，他一方面指出"……在流通领域或商品交换领域……占统治地位的只是自由、平等、所有权和边沁……大家……完成着互惠互利、共同有益、全体有利的事业"[2]；另一方面又指出"[在资本主义生产过程中]个人之间这种表面上的平等和自由就消失了"[3]。

资本主义生产关系的建立以发达的商品经济为前提，在社会分工高度细化的情况下，每个生产者都只从事一种或几种商品的生产，他以所生产的

---

① Chambers, Simone, 2012, "Justice or Legitimacy, Barricades or Public Reason? The Politics of Property-Owning Democracy", in *Property-Owning Democracy: Rawls and Beyond*, Martin O'Neill and Thad Williamson(eds.), Wiley-Blackwell, p.24.

② 《马克思恩格斯文集》第 5 卷，人民出版社 2009 年版，第 204—205 页。

③ 《马克思恩格斯全集》第 30 卷，人民出版社 1995 年版，第 202 页。

商品在市场上换得所需要的其他商品。商品交换遵循等价交换的原则,具有相同价值的商品彼此之间可以相互交换,而商品持有者作为交换的主体,彼此之间的关系是平等的。交易是自愿进行的,交换双方根据不同商品所包含的价值量和自己的需要自行决定是否交换,任何一方都不使用暴力强买或强卖,也即是说,交换的主体是自由的。正如马克思所说:"交换价值的交换是一切平等和自由的生产的、现实的基础。"①在资本主义社会中,虽然每个人都只追求自己的利益,但在社会分工的条件下,每个人都只有在生产出能满足其他人需求的商品的条件下,才能通过交换的方式,换得自己需要的商品,这样一来,从商品交换领域又产生出不同商品生产者互惠合作的社会意识。在资本主义社会中,由于人们不断从事着商品买卖的行为,他们逐渐产生了作为商品交易者的身份认同,自然地产生了诸如自由、平等和互惠合作等社会意识,而这些社会意识正是对作为商品交换者的生活实践的反映。

然而,当深入资本主义的生产领域,我们就会发现在流通领域产生的自由、平等和互惠合作等价值不但消失了,而且转化为其对立面,即不自由、不平等和剥削。造成这一转化的原因是生产资料的私有使得无产者沦为劳动力的出卖者。在资本主义生产中,作为生产要素的生产资料和劳动力分别归属资本家和工人。工人是商品的直接生产者,但由于缺乏生产资料,他们必须将劳动力出卖给资本家才能获得劳动的机会。而资本家在预付给工人工资之后,同时成了生产资料和劳动力的拥有者。按照雇佣契约,工人获得工资,但其所生产的商品归资本家所有。工人的劳动力在使用过程中创造的价值大于资本家付给工人的工资,作为差额的剩余价值成为资本家所获利润的来源。在资本主义生产领域,资本家凭借对生产资料的垄断,强迫工人从事毫无补偿的剩余劳动,榨取剩余价值。区别于在人身依附关系社会

---

① 《马克思恩格斯全集》第 30 卷,人民出版社 1995 年版,第 199 页。

中直接的身体强制,资本主义对工人的强迫通过生存压力和雇佣契约实施。在资产阶级和工人阶级之间真实的关系不是自由、平等和互惠合作,而是强迫、不平等和剥削。

以上马克思对资本主义价值观念的发生学探源以及对其虚假性的揭露表明资本主义社会自由和平等等价值与资本主义生产关系之间具有复杂关系:一方面,单就商品流通领域而言,资本主义制度的确实现了交换双方的自由和平等,传统自由主义正是以此来为资本主义秩序辩护;但另一方面,如果将考察的视野深入生产领域,生产资料私有的资本主义制度又无法真正实现自由和平等,这就为从这些价值出发对资本主义制度提出批评开辟了可能性。由此,我们很容易解除钱伯斯等西方学者关于"罗尔斯对西方社会的内部批评何以可能"的困惑。罗尔斯从西方社会的公共政治文化中的"自由而平等的人"和"作为公平合作体系的社会"等理念出发,正是从由商品流通领域产生,继而渗透入西方政治话语的价值出发。正如马克思所说:"作为纯粹观念,平等和自由仅仅是交换价值的交换的一种理想化的表现;作为在法律的、政治的、社会的关系上发展了的东西,平等和自由不过是另一次方上的这种基础而已。"①由于西方资本主义社会的性质由人们在生产领域所处关系决定,罗尔斯在其中发现了"一种沮丧而消沉的下等阶级,其众多成员长期依赖于福利。这种下等阶级会感到自己被抛弃了"②。当罗尔斯将西方社会的以上现实与他从"自由而平等的人"和"作为公平合作体系的社会"等理念引申出的正义原则两相比照,必然得出西方资本主义社会不正义这一结论。

如果我们这里对罗尔斯批评资本主义进路的解读正确,那么一个推论是:罗尔斯会像马克思一样主张要消除西方资本主义社会的不正义,必须进

---

① 《马克思恩格斯全集》第30卷,人民出版社1995年版,第199页。
② 〔美〕约翰·罗尔斯:《作为公平的正义——正义新论》,姚大志译,中国社会科学出版社2011年版,第169页。

行生产资料的再分配,以改变现有的所有制关系。在《正义论》中,罗尔斯似乎认为仅仅通过确保一定的福利水平和满足需要的诉求等兜底保障措施就可实现正义原则。①当罗尔斯后来认真考虑西方社会现实与他的正义观念之间的差距时,他指出福利资本主义的不正义性很大程度上源于它"准许一个由很少人组成的阶级来垄断生产资料"②。而一些福利资本主义国家常用的收入再分配改革,如失业救济和医疗照顾等,虽然能够满足所有社会成员的基本生活需要,但却不能使福利资本主义国家免于不正义的指责。罗尔斯强调,只有在生产资料为社会所有的自由主义社会或是生产资料分散拥有的财产所有民主制中,才能实现他的两个正义原则。③罗尔斯在此指出了生产资料所有制的变革是实现社会正义的关键,这恰恰佐证了我从唯物史观视角对罗尔斯所作解读的正确性。

虽然马克思对于资本主义价值虚假性的揭示能够帮助我们理解罗尔斯对西方资本主义社会现实的批评何以可能,但这并不表明马克思会赞同罗尔斯的批评进路。对于资本主义公共政治文化中的自由平等等价值④,马克思作如下回应:由于这些价值是虚假的,因而不能为资本主义秩序辩护。罗尔斯的回应则是从这些价值出发建构出正义原则,然后回过头来批评资本主义社会现实的不正义。马克思批评资本主义的进路是从政治经济学角度对其生产方式所蕴含矛盾的科学分析,而不是基于任何从流通领域所产生的虚假价值或原则。一个例子是马克思反对从商品交换领域产生的另一

---

① [美]约翰·罗尔斯:《正义论》(修订版),何怀宏、何包钢、廖申白译,中国社会科学出版社 2009 年版,第 218 页。

② [美]约翰·罗尔斯:《作为公平的正义——正义新论》,姚大志译,中国社会科学出版社 2011 年版,第 169 页。

③ 同上书,第 168—170 页。

④ 这里所说的自由和平等特指作为资本主义意识形态的自由和平等观念,它们与《共产党宣言》所说的"每个人的自由发展是一切人的自由发展的条件"中的"自由"(《马克思恩格斯文集》第 2 卷,人民出版社 2009 年版,第 53 页),以及恩格斯在《反杜林论》中所说的"无产阶级平等要求的实际内容都是消灭阶级的要求"中的"平等"(《马克思恩格斯文集》第 9 卷,人民出版社 2009 年版,第 113 页)具有不同意涵。

个虚假原则出发批评资本主义。在流通领域,商品按照其价值,也即它们所凝结的抽象劳动彼此交换。每个人只有出让自己的商品才能得到别人的商品,这就形成了一种似乎他们能交换的只是自己的劳动的假象。由此产生以下社会意识:劳动者对于作为自己劳动的结果的价值,拥有专门的权利。有的社会主义者(如舍尔比利埃)就以此原则来否定资本家对劳动产品具有完全的权利。由于以上原则是建立在商品生产者和拥有者相等同这一由流通领域产生的虚假表象的基础之上,马克思对这些社会主义者的做法进行了猛烈抨击。①同样的,尽管罗尔斯后期也把资本主义斥为不正义,但由于他所由出发的"自由而平等的人"和"作为公平合作体系的社会"等理念都是源于商品流通领域的虚假价值,因而马克思也不会同意罗尔斯批评资本主义现实的进路。正如贝尔基(Berki, R. N.)所言:"对马克思来说,远为重要的是一个人的思路是否正确,而不是他的存心是否适当。"②批评资本主义进路的分歧牵涉对改造社会途径的不同理解,19世纪各种空想社会主义者的学说偏离了实现共产主义唯一现实的途径,马克思运用历史唯物主义这一理论武器对其不遗余力加以批判,下一节也将从唯物史观出发批评性审视罗尔斯所倡导的实现社会正义的途径。

第三节　以分配正义观念为导向的生产资料分配

马克思认为分配关系是由生产资料所有制决定的,因而坚决反对以增加工资或提高工人福利为最终诉求的社会主义和自由主义派别。那么罗尔斯的正义理论是否与以上原则相容? 沃尔夫(Wolff, Robert Paul)在《理解罗尔斯》一书中指出:"由于只关注分配而忽视了生产,罗尔斯使得分配的真

① 《马克思恩格斯全集》第36卷,人民出版社2015年版,第255—256页。
② Berki, R. N., 1988, *The Genesis of Marxism*, J. M. Dent & Sons Ltd., p.115.

正根源模糊不清。"①一方面由于沃尔夫以断言的方式作出以上指责而没有给出充分论证,另一方面由于罗尔斯在其正义理论中的确提出了生产资料的分配问题,因而布坎南(Buchanan,Allen E.)和卞绍斌等中西方学者认为罗尔斯的正义理论并未违反马克思所提出的生产决定分配的唯物史观观点。本节拟对此一争论作出评析。

罗尔斯在《正义论》一开始就将社会正义原则的作用规定为对社会合作所产生利益和负担的适当分配。②罗尔斯在广义上谈论分配正义,分配的对象包括基本的权利和自由、机会、收入和财富等所有社会基本善。我们这里主要关注的是收入和财富的分配。罗尔斯认为收入和财富的分配应满足差别原则的要求,即任何经济的不平等只有在能够最大化最不利者利益的条件下才被允许。在《正义论》中,罗尔斯认为社会的转让部门把通过税收得到的财政收入的一部分补贴给最不利者,这样就能满足差别原则的要求。③罗尔斯这里很容易被理解为是在提倡一种福利资本主义政策,即主张在不触动资本主义生产方式的情况下,通过社会再分配提高社会底层的福利水平。这可能就是沃尔夫指责罗尔斯忽视作为分配根源的生产的重要依据。但是,当罗尔斯指出,财产所有民主制不是唯一能够满足他的正义原则的政体,自由社会主义也能满足两个正义原则时,他显然考虑到了私有和公有两种生产资料分配方式与正义原则的关系。④据此,布坎南认为沃尔夫以上对罗尔斯忽略生产领域的指责站不住脚。⑤

在沃尔夫和布坎南的讨论之后,罗尔斯在后来的著作中更加强调生产

---

① Wolff, Robert Paul, 1977, *Understanding Rawls*, Princeton University Press, p.210.
② [美]约翰·罗尔斯:《正义论》(修订版),何怀宏、何包钢、廖申白译,中国社会科学出版社 2009 年版,第 4 页。
③ 同上书,第 218 页。
④ 同上书,第 220 页。
⑤ Buchanan, Allen E., 1982, *Marx and Justice:The Radical Critique of Liberalism*, Rowman and Allanheld, pp.123—124.

资料的分配问题。在《作为公平的正义——正义新论》中,罗尔斯明确指出他在《正义论》中所讨论的财产所有民主制不是一种资本主义制度。①罗尔斯还认为,即使是福利资本主义这样一种最进步的资本主义制度,也是不正义的,其主要原因是由于它允许一个由很少人组成的阶级几乎垄断所有生产资料;而为了实现正义,必须从一开始就将足够的生产资料普遍地放在公民(而非一小撮人)手中,以使他们能够在平等的基础上成为完全的社会合作成员。②罗尔斯在这里更为明确地阐述了为实现正义原则必须重新分配生产资料。③正是基于罗尔斯的类似陈述,卞绍斌认为:"那种认为罗尔斯的正义观仅仅关注分配而不关注更为根本的生产问题的看法是不准确的,也是具有误导性的。罗尔斯的真正目标其实和马克思具有相似之处,那就是从根源上(生产资料的占有)来实现权利和机会的公平平等。"④

卞绍斌敏锐地看到了罗尔斯的后期观点与马克思认为生产决定分配的唯物史观有相类之处。马克思在《哥达纲领批判》中指出:"消费资料的任何一种分配,都不过是生产条件本身分配的结果,而生产条件的分配,则表现生产方式本身的性质。"⑤马克思的这句话凝练地表达了他在《政治经济学批判大纲》中表述的两个观点:一、生产资料的分配方式就是生产关系本身⑥;二、"[消费资料]分配的结构完全决定于生产的结构"⑦。马克思强调的是

① ［美］约翰·罗尔斯:《作为公平的正义——正义新论》,姚大志译,中国社会科学出版社 2011 年版,第 164 页。
② 同上书,第 169—170 页。
③ 根据罗尔斯《政治哲学史讲义》的编者前言,罗尔斯长期在哈佛大学开设现代政治哲学史课程。而直到 1983 年,罗尔斯才首次将马克思的政治思想包括进他的讲授内容中。1984 年罗尔斯将包括马克思在内的政治哲学家的观点与他的《正义论》作对比讲解。同年,罗尔斯开始写作《作为公平的正义——正义新论》。值得注意的是,罗尔斯写作《作为公平的正义——正义新论》的时间与他将马克思的政治理论和《正义论》作对比讲解的时间重合。据此,笔者揣测罗尔斯后期对生产资料分配方式的强调受到马克思的影响。(参见［美］约翰·罗尔斯:《政治哲学史讲义》,杨通进、李丽丽、林航译,中国社会科学出版社 2011 年版,"编者的话",第 1 页)
④ 卞绍斌:《马克思与正义:从罗尔斯的观点看》,《哲学研究》2014 年第 8 期,第 75 页。
⑤ 《马克思恩格斯文集》第 3 卷,人民出版社 2009 年版,第 436 页。
⑥ 《马克思恩格斯全集》第 31 卷,人民出版社 1998 年版,第 245 页。
⑦ 《马克思恩格斯全集》第 30 卷,人民出版社 1995 年版,第 36 页。

消费资料的分配方式是一种边缘性和衍生性现象,而生产资料的分配方式的变化才是引起前者变化的原因。

布坎南和卞绍斌等学者的错误在于他们没有看到,在唯物史观关于社会结构的分析框架中,起基础性作用的是生产力的发展水平这一环节,而这一环节在罗尔斯理论结构中的缺失,致使在他的分配正义理论与唯物史观之间存在原则性分歧。马克思在《〈政治经济学批判〉序言》等著作中指出生产关系与生产力的一定发展阶段相适应。①也即是说,生产资料的分配方式,即生产关系本身不是人们自由选择的结果,而是由某一阶段社会生产力的发展水平决定的。然而,在罗尔斯看来,生产资料的分配方式不是与一定阶段生产力的发展水平相应,而是与所要达到的分配正义观念相应。罗尔斯的方法是首先建构出某种正义原则,然后由此选择一种生产资料的分配方式来实现他的正义原则,要求生产资料的所有权必须以最有效的方式满足正义原则。正如佩弗所言:"按照罗尔斯的理论,在不同形式的社会主义和资本主义之间做选择的依据是哪种制度最符合社会正义的要求。"②而按照唯物史观,社会制度的选择本身受生产力发展水平的制约,前者必须能够适应后者的发展,而不是去适应某种正义原则。罗尔斯没有指出资本主义生产方式中促成生产关系调整的内部因素,而是把生产关系的调整看作实现正义原则的手段。

当然,不否认通过法律手段可以强行改变某一社会现有的生产资料分配状况。马克思在《政治经济学批判大纲》中就举过法国大革命将大地产强行打碎的例子,然而马克思接着指出,法律并未使这种土地分成小块的状况固定下来,财产又重新聚集。究其原因,只有像英国那样的大地产才与新兴

---

① 《马克思恩格斯文集》第 2 卷,人民出版社 2009 年版,第 591 页。
② Peffer, Rodney G., 1990, *Marxism, Morality, and Social Justice*, Princeton University Press, p.378.

的农业资本主义生产相适应,因而土地的小块私有不能持续。①马克思通过这个例子意在表明,除非强行变革后的生产关系能够适应当下生产力的发展,否则改变后的生产资料分配状况不具有稳定性,迟早要被打破。在罗尔斯所设想的作为正义社会例示的财产所有民主制中,生产资料允许私人(与公有制不同)但却分散地(与资本主义不同)拥有。问题是,在允许生产资料自由买卖的市场经济中,被分散私有的生产资料必定又会重新积聚。佩弗在为《剑桥罗尔斯词典》写作的"财产所有民主制"词条中指出,罗尔斯从未讨论过这种生产资料分散私有的状态如何能够达到稳定。②这当然不是罗尔斯的一个可以轻易弥补的疏忽,因为按照唯物史观,缺乏生产力的发展水平这一环节,就无从谈论某种生产资料的分配状况(即生产关系)能否持续。

罗尔斯从正义原则出发要求改变生产资料分配方式的做法使他的正义理论与蒲鲁东的政治理论有很大相似性。蒲鲁东在《什么是所有权》一书中从正义原则出发对"所有权"提出控诉。罗尔斯将正义规定为社会制度的首要美德,蒲鲁东也一样认为"正义是位居中央的支配着一切社会的明星,是政治世界绕着它旋转的中枢,是一切事物的原则和标准"③。不同于罗尔斯对正义的多面向理解,蒲鲁东把正义理解为平等。蒲鲁东以所有权破坏平等为理由,要求废除所有权,而蒲鲁东理解的所有权有其独特意义,所有权指"不劳动而可以取得利益的权利"④。蒲鲁东所说的"所有权"显然指对土地等生产资料的私有。蒲鲁东的解决方案是废除"所有权",而代之以占有,即由社会来限制、监管和分配的所有权。⑤蒲鲁东从正义原则出发要求改变

---

① 《马克思恩格斯全集》第30卷,人民出版社1995年版,第39页。

② Cf. Peffer, Rodney G., 2015, "Property-owning democracy", in *The Cambridge Rawls Lexicon*, Jon Mandle and David A. Reidy(eds.), Cambridge University Press, p.658.

③ [法]蒲鲁东:《什么是所有权》,孙署冰译,商务印书馆1963年版,第54—55页。

④ 同上书,第16页。

⑤ 同上书,第21页。

土地等生产资料分配状况的方法遭到马克思的无情批判。马克思在深刻揭露蒲鲁东的错误时指出:"人们能否自由选择某一社会形式呢? 决不能。"①

罗尔斯的政治哲学理论虽比蒲鲁东精致完善得多,但其基本进路却与蒲鲁东一脉相承。罗尔斯的社会契约论方法,以以下论断为前提,即"社会体系并不是超越人类控制的不可改变的体制,而是人类活动的一种模式"②。罗尔斯这句话如果孤立地看,可以有多种理解(如可将其理解为对人类改造社会的主观能动性的强调),而未必与唯物史观冲突。但罗尔斯的整个理论所呈现的对这句话的阐释却是——人们可以从某种正义观念出发对社会生产方式本身提出要求,而这正是马克思所揭示的蒲鲁东所犯的错误。

小 结

罗尔斯对马克思所指出的传统自由主义缺陷的弥补,加之罗尔斯正义理论在社会制度上的中立性使得很多有现实关怀的中国学者试图从罗尔斯那里汲取理论资源,以解决中国特色社会主义市场经济建设中遇到的各种分配正义问题。将罗尔斯正义理论为我所用的前提是从马克思主义立场对其进行批判性审视。本章试图从唯物史观的社会意识理论出发,审视罗尔斯的正义理论。

从唯物史观视角来看,罗尔斯对西方社会的内部批评借鉴了马克思的意识形态理论。马克思的意识形态理论虽能解释罗尔斯批评资本主义的可能性,但马克思并不赞成诉诸资本主义公共政治文化中的虚假价值批判资

---

① 《马克思恩格斯文集》第 10 卷,人民出版社 2009 年版,第 42 页。

② [美]约翰·罗尔斯:《正义论》(修订版),何怀宏、何包钢、廖申白译,中国社会科学出版社 2009 年版,第 78 页。

本主义。历史唯物主义认为,生产资料的分配方式,即生产关系本身不是人们自由选择的结果,而是由某一阶段社会生产力的发展水平决定的。而在罗尔斯看来,生产资料的分配方式并非与一定阶段生产力的发展水平相适应,而是与所要达到的分配正义观念相适应。从马克思对蒲鲁东的批判可以看出,马克思反对以分配正义观念为导向的生产资料分配。从马克思主义立场看来,罗尔斯从正义观念出发要求改变生产资料的分配状况的做法,使他沦为一个蒲鲁东主义者。

第七章
罗尔斯"政治转向"的意识形态分析

1971 年出版的《正义论》并非罗尔斯政治理论的最终形态。从 20 世纪 80 年代后期的若干论文开始直至 1993 年《政治自由主义》的问世,罗尔斯的政治思想经历了一次"政治转向"。对于这次转向学界主要有两种解读。①第一种将其看作是对《正义论》中的稳定性问题的重新处置。"重探稳定性"解读肇始于罗尔斯自己对促动其政治思想转变的动因的描述,大多数研究学者也按这一进路解读罗尔斯的后期思想。另一种解读认为罗尔斯"政治转向"前后处理的是两个不同论题,即从"社会正义论题"到"政治合法性论题"。"论题转换"解读颇具影响,有学者将其称为关于罗尔斯"政治转向"的"标准解读"②,其支持者有威廉斯(Williams,Bernard)、

---

① 这两种解读对应于高斯所说的对罗尔斯"政治转向"的"浅版本"解读和"深版本"解读。[Cf. Gaus,Gerald,2014,"The Turn to a Political Liberalism",in *A Companion to Rawls*,J. Mandle and D. A. Reidy(eds.),Wiley-Blackwell,p.249]马尔霍尔和斯威夫特从回应社群主义对《正义论》的批评的视角解读罗尔斯的"政治转向"。但正如马尔霍尔和斯威夫特自己也承认的,罗尔斯的《正义论》已经包含了回应社群主义批评的理论资源,故而笔者不将"回应社群主义批评"算作对罗尔斯"政治转向"的一种有竞争力的解读。[Cf. Mulhall,Stephen and Swift,Adam,1996,*Liberals and Communitarians*(Second Edition),Blackwell,p.168]另外,罗尔斯也明确否认他的政治转向是为了回应社群主义的批评。[Rawls,John,1996,*Political Liberalism*(Expanded Edition),Columbia University Press,p.xvii]

② Weithman,Paul,2015,"Legitimacy and the Project of Political Liberalism",in *Rawls's Political Liberalism*,T. Brooks and M. C. Nussbaum(eds.),Columbia University Press,pp.76—83.

德雷本(Dreben，Burton)、雷迪(Reidy，David A.)和埃斯特伦德(David Estlund)等。①

　　以上两种解读在深入挖掘罗尔斯"政治转向"的学理意义的同时,却也具有一个共同缺陷,那就是忽视了罗尔斯"政治转向"与西方社会时代变迁的深层次关联。在罗尔斯政治思想发生转向的同时,西方社会也发生了"新自由主义转向"。政治上以撒切尔夫人和里根上台为标志,经济领域由弗里德曼和哈耶克的理论取代凯恩斯主义占据主导地位,西方社会进入了新自由主义时代。新自由主义要求削减社会福利,打压工会势力,取消政府对经济的干预,恢复市场中心地位。资本主义社会在全球范围呈现出向19世纪放任资本主义回归的趋势。由于后期罗尔斯对其理论的现实可行性给予极大关注,可以想见,罗尔斯政治思想的发展与西方社会的时代变迁具有深层次的相关性。

　　对于时代背景的忽视,使得"重探稳定性"解读和"论题转换"解读都面临某些阐释难题,这些难题无法仅仅通过对罗尔斯著作的学理分析得到解答。其解答依系于对这些问题所由产生的资本主义制度深层运行机制的理解。马克思在《资本论》及其手稿中在对资本主义经济制度进行深入剖析的同时,还考察了根植于资本主义生产方式并与之相适应的政治、法律和道德等社会意识。本章拟借重马克思对资本主义社会的意识形态分析来发掘并解答罗尔斯"政治转向"涉及的理论难题。

---

① Williams, Bernard, 2005, "Realism and Moralism in Political Theory", in *In the Beginning was the Deed*, G. Hawthorn(ed.), Princeton University Press, p.1; Dreben, Burton, 2003, "On Rawls and Polibtical Liberalism", in *The Cambridge Companion to Rawls*, S. Freeman (ed.), Cambridge University Press, p.317; Reidy, David A., 2007, "Reciprocity and Reasonable Disagreement: From Liberal to Democratic Legitimacy", *Philosophical Studies*, Vol.132, No.2, p.247; Estlund, David, 1996, "The Survival of Egalitarian Justice in John Rawls's Political Liberalism", *Journal of Political Philosophy*, Vol.4, No.1, p.68.

第一节　罗尔斯的"政治转向"

所谓"政治转向"是参照《正义论》中的政治思想来说的。罗尔斯在《正义论》中提出了两条正义原则：第一条是平等自由原则，第二条由实质的机会平等原则和差别原则构成，两条正义原则之间，以及第二条正义原则的两个分原则之间按照严格的优先次序排列。罗尔斯正义理论中最为著名的是差别原则，差别原则给予最不利者的利益以优先考虑，规定只有能使最不利者利益最大化的经济不平等才是可允许的。差别原则对经济不平等的严格限制显然具有激进的平等主义倾向。罗尔斯诉诸社会契约论来证明他的正义原则。罗尔斯用原初状态代替了传统社会契约论的自然状态作为订立社会契约的最初处境。原初状态的特点是引入无知之幕以屏蔽代表们的家庭出身、自然禀赋和善观念等信息。代表们不知道关于自己的区别性信息，也就不能去选择偏惠自己的正义原则。在经济方面，出于效率的考虑，平等分配被排除，问题归结为确定允许社会不平等的条件。由于事关社会基本结构的指导原则，代表们最理性的做法就是求稳（playing it safe），选择自己即使落入最坏境况也是可接受的分配原则，即差别原则。

代表们除了诉诸不确定境况下的决策理论来选择正义原则之外，他们还要考虑所选择的正义原则是否具有稳定性。"对罗尔斯而言，稳定性问题要求表明鉴于人性和社会生活的某些确定条件，某个正义观念具有现实可能性。"[1]在《正义论》第八章论证了"由其正义原则调节的良序社会中，人们会获得遵守正义原则的正义感"之后，罗尔斯认为还须证明遵照正义感而行对人们来说是善的，这就是第九章对于正义感和人们理性生活计划的"契合

---

[1] Freeman, Samuel, 2003, "Introduction: John Rawls-An Overview," in *The Cambridge Companion to Rawls*, S. Freeman(ed.), Cambridge University Press, p.23.

论证"。契合论证依赖于对罗尔斯正义观念的康德式阐释。按照罗尔斯，无知之幕的设置避免了特殊身份信息扭曲代表们的选择动机，代表所选出的正义原则类似康德意义上的自律原则。自律原则表达了自由平等的人的本性，这从每个人的理性生活计划来看都是善的。由此，遵照正义感而行就契合了人们的善。罗尔斯由此证明了其正义原则具有稳定性。

罗尔斯在 20 世纪 80 年代后期逐渐发觉《正义论》中的"契合论证"包含一个巨大疏漏。"契合论证"以每个人都有表达自由平等人的本性的欲望为前提，这就假定每个人都抱有康德自律伦理学的观点。但在自由社会中，人们的善观念以及对善观念作系统表达的整全性学说是合理（reasonable）而多元的。"契合论证"对罗尔斯正义原则稳定性的论证依赖康德的伦理学观点，这就使它难以获得不同合理整全性学说信奉者的支持。《正义论》对罗尔斯正义原则稳定性的论证必须改进，使之能经受"合理多元论"的挑战。

罗尔斯的处置方法是把政治领域从其他价值领域中分离出来，单单在政治领域建构一个独立不依（freestanding）的正义观念，这就是罗尔斯"政治转向"之要义。原初状态在转向后的政治思想框架中也获得了新的意义。它从《正义论》中对人们关于社会正义的普遍直觉的模拟，变成了《政治自由主义》中对西方社会公共政治文化中的"自由平等人"和"作为公平合作体系的社会"理念的模拟，所选出的正义原则不再具有普遍适用性，而是只适用于"处于某一历史阶段的现代民主社会"[①]。由于对两个正义原则的证成仅仅基于政治价值，它就可以在不同整全性学说中保持中立。不依赖于任何整全性学说证成的正义原则，反而可以与尽可能多的合理整全性学说接榫，不同整全性学说出于不同理由支持正义观念，从而形成"重叠共识"。

重叠共识的理念假定不同合理整全性学说的拥趸能够在罗尔斯的正义观念上达成共识，罗尔斯后来又认识到导致人们信奉相异合理整全性

---

① Scheffler, Samuel, 1994, "The Appeal of Political Liberalism", *Ethics*, Vol.105, No.1, p.20.

学说的同一原因,即"判断的负担"(burdens of judgment)①,还会引起人们认可不同的正义观念。在自由社会中,人们抱有的不是一个,而是一族自由主义正义观念,罗尔斯的"作为公平的正义"只是其中颇具平等主义倾向的一个。由于人们在正义观念上的分歧,为提供一个公共证成的基础,罗尔斯引入了自由主义政治合法性原则。该原则将根据一部其要素能够被明理(reasonable)公民一致同意的宪法行使的政治权力规定为合法的。②宪法之要素包括对公民基本自由和权利的规定,在经济方面,只包括一个保障公民基本需求的社会最低额的规定,而不包括进一步的收入再分配的规定。罗尔斯特别提到,差别原则由于难以满足,不包括在宪法之要素中。③在《正义论》中,人们的要求(claims)是否应得到满足由社会的正义原则(包括差别原则)来裁定④,而按照自由主义政治合法性原则,政治权力的合法行使不需要满足差别原则。在此意义上,后期罗尔斯从《正义论》中的平等主义立场有所后退。

学界对罗尔斯"政治转向"主要有"重探稳定性"和"论题转换"两种解读,这两种解读未必相互排斥,它们也可能只是侧重点不同。这种侧重点的分歧部分源于罗尔斯的"政治转向"是一件未竟之事。罗尔斯1992年在《政治自由主义》的"导言"中写道:"若要理解[《政治自由主义》和《正义论》]的差别的性质和程度,必须把这些差别看作是为了试图解决内在于作为公平的正义中的一个严重问题,即《正义论》第三部分对稳定性的论述与这本书

---

① "判断的负担"指在人们正确运用实践理性的情况下仍会导致人们观点分歧的因素,如证据的冲突和复杂、对相关因素重要性的不同评估、概念的模糊和人们生活经历的不同等。[Cf. Rawls, John, 1996, *Political Liberalism* (Expanded Edition), Columbia University Press, pp.56—57]

② Rawls, John, 1996, *Political Liberalism* (Expanded Edition), Columbia University Press, p.137.

③ Ibid., pp.228—229.

④ [美]约翰·罗尔斯:《正义论》(修订版),何怀宏、何包钢、廖申白译,中国社会科学出版社2009年版,第4页。

整体观点之间的不一致。"①准此,《政治自由主义》只是《正义论》第三部分的改进版本,"重探稳定性"解读言之有据。然而及至1998年罗尔斯给哥伦比亚大学出版社编辑去信讨论《政治自由主义》修订事宜时,他却写道:"许多读者被误导认为此书是关于[作为公平的正义]这个议题,其实不然。《政治自由主义》是关于一族合理的政治正义的自由主义观念。"②照此,《政治自由主义》与《正义论》的关系至多仅在于,后者提出的正义观念也是前者所探讨的"一族合理的政治正义的自由主义观念"中的一个。而正是由于明理之人无法就正义观念达成共识,罗尔斯才引入自由主义政治合法性原则。"论题转换"解读也不无道理。笼统来说,"重探稳定性"是罗尔斯"政治转向"的初衷,而"论题转换"则描述了罗尔斯"政治转向"的最终归宿。

第二节　两点阐释疑难

我们看到,后期罗尔斯对于《正义论》中的政治思想有两点重要修正:第一,罗尔斯用重叠共识的理念代替了《正义论》第三部分的契合论证;第二,罗尔斯提出了一个比《正义论》中的正义原则规范性要求要低的自由主义政治合法性原则。这两点改变分别为"重探稳定性"解读和"论题转换"解读所强调。然而,这两种解读都遗留有重要阐释疑难,而这些疑难无法仅仅通过对罗尔斯文本的学理分析得到解答。

第一点疑难关涉"重叠共识何以可能"的问题。合理多元论的挑战让罗尔斯意识到立基于特定整全性学说(如康德伦理学)的政治观念只能是独断的,无法得到其他整全性学说信奉者的支持。罗尔斯的应对之策是在政治

---

① Rawls, John, 1996, *Political Liberalism* (Expanded Edition), Columbia University Press, pp. xv—xvi.

② Ibid., p.439.

领域,仅仅汲取西方社会公共政治文化中的规范性理念来建构一个正义观念。对某种特定整全性学说的超然(detachment)是为了赢得尽可能多合理整全性学说的普遍拥护(attachment)。这个政治观念唯其独立不依,反而可以与不同合理整全性学说对接。如此一来,罗尔斯的正义观念就可望成为多元社会中不同合理整全性学说的重叠共识。

听起来似乎很巧妙。问题是如何保证独立证成的正义观念一定会与合理整全性学说接榫呢?为什么不同合理整全性学说和独立不依的正义观念一定是一种相容的关系,而不是冲突的关系呢?如果两者存在冲突,为什么人们要用政治价值来压制合理整全性学说蕴含的价值,而不是用后者压制前者呢?

学界通常认为罗尔斯用聚合论证(convergence argument)证明不同合理整全性学说会在正义原则上达成共识。①罗尔斯曾做如下列举:康德主义者会从康德学说中演绎出罗尔斯的正义原则,功利主义者会将罗尔斯的正义原则看作功利原则可行的近似,而整全性多元观点则在对政治价值和其他价值的权衡中给予前者优先性。②聚合论证将罗尔斯的这一做法普遍化,从西方社会现有合理整全性学说出发,逐个论证它们都能与罗尔斯的正义观念相融。聚合论证方法面临重要困难。一方面,罗尔斯所列举的某些整全性学说是否能够支持罗尔斯的正义原则殊为可疑。例如,谢弗勒(Scheffler, Samuel)和巴里(Barry, Brian)都认为功利主义并不能被包括进罗尔斯的重叠共识之中。③另一方面,西方社会中的合理整全性学说数量繁多,

---

① Cf. Gaus, Gerald, 2011, *The Order of Public Reason*, Cambridge University Press, p.336; Vallier, Kevin, 2011, "Convergence and Consensus in Public Reason", *Public Affairs Quarterly*, Vol.25, No.4, pp.264—267.

② Rawls, John, 1996, *Political Liberalism* (Expanded Edition), Columbia University Press, pp.169—170.

③ Scheffler, Samuel, 1994, "The Appeal of Political Liberalism", *Ethics*, Vol.105, No.1, p.9; Barry, Brian, 1995, "John Rawls and the Search for Stability", *Ethics*, Vol.105, No.4, pp.907—908.

并且不断推陈出新,不可能逐个考察它们是否都能支持罗尔斯的正义观念,聚合论证不具有现实可操作性。①

另一种阐释进路强调重叠共识不需要包含所有现存整全性学说,而只需要包含合理的整全性学说。②合理整全性学说是明理之人信奉的整全性学说,而明理之人的特征就是提出并遵守公平的社会合作原则。③他们信奉的整全性学说也自然可以与正义观念接榫。罗尔斯的某些论述的确可解读为"与政治观念冲突的整全性学说是不合理的"。④然而,这种方法简单地将不能与罗尔斯正义观念接榫的整全性学说贴上"不合理的"标签然后排除出去,重叠共识本身不再具有任何额外证成作用。⑤如果以上两种方法都不能达到预定的证成目的,重叠共识似乎只能是罗尔斯所说的"假定"⑥或弗里曼所说的"经验的假设"⑦。重叠共识的可能性悬而未决。

第二点疑难涉及政治合法性标准的设定。对罗尔斯"政治转向"的"论题转换"解读认为当罗尔斯意识到合理多元论的事实同样也适用于正义观念本身时,他就不再将社会正义作为主要议题,而是转向对政治合法性的讨论。在经济分配方面,自由主义的政治合法性原则只包含一个满足公民基本需求的社会最低额的规定,而不包括罗尔斯的差别原则。罗尔斯以降低规范性标准为代价重新获得了一个公共证成的基础。

如何解释罗尔斯在设定政治合法性标准时从他之前的平等主义立场的后退?一种容易想到的解释是:由于人们无法就经济分配议题达成共识,因

---

① 惠春寿:《重叠共识:既不重叠,亦非共识》,《道德与文明》2019 年第 2 期,第 68 页。

② Okin, Susan Moller, 1994, "Political Liberalism, Justice, and Gender", *Ethics*, Vol. 105, No. 1, p. 31.

③ Rawls, John, 1996, *Political Liberalism* (Expanded Edition), Columbia University Press, pp. 49—50.

④ Ibid., p. 483.

⑤ Quong, Jonathan, 2011, *Liberalism without Perfection*, Oxford University Press, p. 167.

⑥ Rawls, John, 1996, *Political Liberalism* (Expanded Edition), Columbia University Press, p. 141.

⑦ Freeman, Samuel, 2007, *Rawls*, Routledge, pp. 350—351.

而将其纳入政治合法性的条件势必引起争议。这种解释有两点可疑之处。第一,对于要求对经济不平等有更多调节的正义观念(如作为公平的正义)来说,只规定社会最低额同样也是有争议的。漠视不平等并不比调节不平等天然具有更多合理性。第二,以诺奇克为代表的自由至上主义者认为政府不应当对由自由市场自发产生的分配状况有任何调节。为避免争议,罗尔斯似乎应当将社会最低额也排除在政治合法性条件之外。然而,罗尔斯却没有为赢得自由至上主义者的支持而进一步降低政治合法性标准。①

罗尔斯在设定自由主义政治合法性原则时在经济分配方面似乎采取了一个中间立场。一方面,他从《正义论》中的平等主义立场后退,认为差别原则太过苛刻因而不适于作为政治权力合法行使的条件;另一方面,罗尔斯没有向诺奇克的自由至上主义立场妥协而将经济分配完全排除在政治合法性标准之外。这就遗留给我们以下问题:为什么自由主义政治合法性原则在经济分配方面要求,并且只要求社会最低额?对罗尔斯"政治转向"作"论题转换"解读的学者并未为我们解答这一疑难。

以上指出的两点疑难无法通过对罗尔斯文本进行学理分析得到解答。西方社会中的公民信奉哪些合理整全性学说,合理整全性学说包含的价值与政治价值是否能够契合,这些问题不是通过对"重叠共识"或"合理性"进行概念分析就能够澄清的。同样,西方社会公民能够在何种程度上和哪些范围内就经济不平等议题达成共识,为什么这一共识既不高于,亦不低于最低受惠额,这些问题也不是仅仅通过对"政治合法性"或"宪法之要素"进行概念剖析就能够解答的。

后期罗尔斯否定了《正义论》中寻求普遍正义的永恒视角,转而探求使西方宪政民主政体能够持续长存的政治原则。这一地方性(parochial)关切必然使得罗尔斯转向后的政治思想与西方资本主义制度的社会现实有着密

---

① Rawls, John, 1996, *Political Liberalism* (Expanded Edition), Columbia University Press, p.263.

切联系。马克思对资本主义制度的运行机制做了迄今最为深刻的剖析，尤其是他在成熟时期作品中，将历史唯物主义的观点和方法运用于对资本主义生产方式和意识形态的分析，为我们了解资本主义经济运行机制和政治、文化的互动关系提供了深刻洞见。本章接下来拟借重马克思的这些洞见解答以上两个疑难。

第三节　对重叠共识可能性的意识形态分析

关于重叠共识的疑难在于证明西方社会公民信奉的合理整全性学说与正义观念相契合，而不是相冲突。一方面，由于整全性学说不胜枚举，且变动不居，以社会学的调查方法来进行归纳论证显然行不通。另一方面，重叠共识的理念若要为正义观念提供额外的证成，罗尔斯就不能通过定义将不能与正义观念接榫的整全性学说直接斥之为"不合理的"，从而获致一种对重叠共识的"先天"证明。有鉴于此，重叠共识的实现岂不是只能寄希望于历史的偶然了吗？

如果不能通过分析合理整全性学说和正义观念这两个概念来证明它们必定相容，我们不妨改变思路，尝试引入新的解释项。假如我们能证明西方资本主义社会的正义观念和合理整全性学说都受到一个共同因素塑造，那么我们就可以以这第三个因素为中介，证明合理整全性学说和正义观念同调并非偶然，重叠共识的可能性就能得到证明。

按照马克思对资本主义社会的分析，这个塑造资本主义社会政治观念和人们的生活观念的共同因素就是资本主义生产方式。后期罗尔斯声称他的正义观念奠基于西方自由民主社会的公共政治文化，其中最重要的是自由平等人的理念和作为公平合作体系的社会理念。马克思在《政治经济学批判大纲》中对自由、平等和互惠等自由主义价值做了社会学探源，追究它们在资本主义经济生活中的根源。马克思指出,资本主义经济是发达的商品经济,商品经济以等价交换为其原则,"作为交换的主体,他们的关系是平等的关系"①。交换意味着自愿,不得强买强卖,交换双方是自由的。②与小农经济的自给自足不同,资本主义社会存在广泛的社会分工,人们只有通过商品交换才能获得所需的大部分生活资料,人们之间是一种互为手段的互惠关系,"每一个人都把另一个人当作自己的手段互相利用"③。自由、平等和互惠等资本主义价值在商品流通领域产生之后,又会渗透进政治领域成为政治价值,"作为纯粹观念,平等和自由仅仅是交换价值的交换的一种理想化的表现;作为在法律的、政治的、社会的关系上发展了东西,平等和自由不过是另一次方上的这种基础而已"④。

资本主义的经济生活在塑造资本主义政治价值的同时,也塑造着人们的善观念以及对善观念作系统表达的整全性学说。一方面,资本主义生产方式是与价值多元论相容的。后期罗尔斯的政治观念不依赖于任何整全性学说而建构,从而对不同整全性学说保持中立。⑤当代西方社会不需要一个单一整全性学说作为社会的黏合剂,从而形成合理多元论的局面,这本身是由资本对经济参与者目标的开放性造成的。资本增值需要人们承担不同社会角色,行使不同职能。不管人们抱有何种价值观念,有何种个人追求,只要他们参与资本主义社会经济生活,他们就都服务于资本增值这一社会目标。资本主义生产方式不但允许,而且鼓励人们抱有不同善观念,以实现资本以多种方式,在多个领域增值,"自由主义范式对于人们随意追求和改变善观念的权利的强调很大部分是真实的"⑥。

---

① 《马克思恩格斯全集》第 30 卷,人民出版社 1995 年版,第 195 页。
②④ 同上书,第 199 页。
③ 同上书,第 198 页。
⑤ Rawls, John, 1996, *Political Liberalism* (Expanded Edition), Columbia University Press, pp.193—194.
⑥ Smith, Tony, 2017, *Beyond Liberal Egalitarianism*, Brill, p.117.

另一方面,资本主义生产方式对多元价值的容忍是有限度的,只有有利于资本的增值的善观念才能繁荣昌盛。传统自由主义往往持一种非社会的个人主义(asocial individualism)观念,认为人们参与社会合作只是为了获取物质手段以实现先于社会而选择的生活目标。马克思对这种抽象个人观念进行了批判,他指出,在资本主义社会,"私人利益本身已经是社会所决定的利益"①。在这一点上罗尔斯同意马克思的看法,他指出:"一个经济体制不但是满足现有欲望和抱负的制度系统,它还是一种塑造未来欲望和抱负的方式。"②个人的志向和抱负(如做个工程师或者股票经纪人)往往与某个社会角色相联系,而在资本主义社会,这些社会角色都是围绕资本增值这个社会目标设置的。史密斯在论及资本增值与人们的善观念的关系时指出:"在个人或群体择取的目标或善观念中,那些促进资本的目标和利益的会获得优势,而那些无助于资本的目标和利益的,则被边缘化,或被根除。"③资本增值这一社会目标对善观念的选汰并非出于强制和压迫,而是一种历史选择过程。那些有益于资本增值的善观念能为其信奉者带来更多资源,这些善观念因而能吸引更多拥趸。而未能服务于资本增值的善观念则逐渐凋零,被人们遗忘。

按照马克思对资本主义价值观念的发生学探源,一方面,产生自资本主义流通领域的价值会渗透进政治领域,形成政治理念和价值,也即西方社会的公共政治文化;另一方面,资本主义生产方式又会对人们信奉的整全性学说产生塑造作用,那些不适应资本主义生产方式的生活方式和价值观念被逐渐淘汰或改造,留存下来的整全性学说大多认可自由、平等和互惠等资本

---

① 《马克思恩格斯全集》第 30 卷,人民出版社 1995 年版,第 106 页。

② Rawls, John, 1996, *Political Liberalism* (Expanded Edition), Columbia University Press, p.269.罗尔斯在《正义论》中说过几乎同样的话,他在那里将这一认识与马克思联系起来。([美]约翰·罗尔斯:《正义论》(修订版),何怀宏、何包钢、廖申白译,中国社会科学出版社 2009 年版,第 204 页)

③ Smith, Tony, 2017, *Beyond Liberal Egalitarianism*, Brill, p.118.

主义价值。如此一来,资本主义经济生活成为连接资本主义政治观念和民众所信奉整全性学说的中间项,罗尔斯的重叠共识理念的可能性正是立基于此。

马克思同时指出,自由、平等和互惠等资本主义价值仅仅是商品流通领域的虚假价值,当深入资本主义生产领域就会发现,这些价值转化为不自由、不平等和剥削。而若要在生产领域实现自由和平等,必须废除资本主义私有制。罗尔斯也认识到对自由平等的人的理念和作为公平合作体系的社会理念都可以有多种阐释方式,"公共政治文化可能在很深的层次上左右摇摆"①,"公共政治文化必然包含可以不同途径发展的不同根本理念"②。《正义论》对自由、平等和互惠等价值进行了一种实质性阐释,差别原则要求打破资本主义生产资料所有制。③及至转向之后,为在多元社会获得共识,罗尔斯不再坚持将具有激进平等主义倾向的作为公平的正义作为重叠共识的焦点,他承认其他更少平等关切的自由主义正义观念也可成为重叠共识的焦点。④罗尔斯对当代西方社会调节经济不平等的期望的降低反映了新自由主义转向后西方社会的现实,西方社会变迁对罗尔斯政治思想的影响更鲜明地反映在他提出的自由主义政治合法性原则上。

第四节　资本主义生产关系与
自由主义政治合法性原则

后期罗尔斯虽然仍认为作为公平的正义是最为合理的政治观念,但不

① Rawls, John, 1996, *Political Liberalism* (Expanded Edition), Columbia University Press, p.9.
② Ibid., p.227.
③ [美]约翰·罗尔斯:《正义论》(修订版),何怀宏、何包钢、廖申白译,中国社会科学出版社 2009 年版,"修订版序言",第4—5页。
④ Rawls, John, 1996, *Political Liberalism* (Expanded Edition), Columbia University Press, p.xlvi.

再坚持它一定能够成为西方社会重叠共识的焦点。政治权力的合法行使需要所有明理公民的一致同意,由于差别原则包含的激进平等主义倾向不大可能获得广泛支持,罗尔斯将其排除在自由主义政治合法性原则之外。为什么差别原则不能得到广泛支持呢?钱伯斯指出:罗尔斯"认为平等主义导源于政治文化中的理念,但他必须承认,对于一个强平等主义原则(如差别原则或其他原则)的重叠共识看似并不具有现实可能性。"[1]钱伯斯引用社会学家问卷调查的结果证明美国社会公共政治文化对应得和个人责任的强调和对机会平等之下社会和经济不平等的容忍。[2]盖尔斯顿(Galston,William A.)同样认为罗尔斯误解了美国公共政治文化,他认为美国公共政治文化的主流观点是机会平等下的应得,外加社会保障。[3]但钱伯斯和盖尔斯顿都只是将问题推后一步,而未能解释当今西方社会的公共政治文化何以如此。

二战后,一方面为了避免重蹈大萧条的覆辙,另一方面为了应对社会主义革命的压力,西方各国增加国家对经济领域的干预以避免危机,增加社会福利以缓和阶级矛盾。西方社会迎来了持续 20 多年的经济高速增长、贫富差距缩小、民众生活水平显著提高的黄金时期。经济的持续繁荣,加之民权运动的兴起,让人们普遍期望社会会朝着更为富裕而公平的方向发展。罗尔斯的《正义论》正是这一时代在政治思想上的反映。罗尔斯声称他的《正义论》是一种理想理论,他认为美国社会的基本框架是正义的,只要在细节上做一些改进,就可实现他的正义理想。

然而,正如密涅瓦的猫头鹰总要等到黄昏才起飞,《正义论》发表之时,它所反映的时代也正在成为过去。[4]资本主义经济运行机制无法使得社会

---

[1] Chambers, Simone, 2012, "Justice or Legitimacy, Barricades or Public Reason? The Politics of Property-Owning Democracy", in *Property-Owning Democracy：Rawls and Beyond*, Martin O'Neill and Thad Williamson(eds.), Wiley-Blackwell, p.27.

[2] Ibid., pp.25—26.

[3] Galston, William A., 1991, *Liberal Purposes*, Cambridge University Press, pp.158—161.

[4] Müller, Jan-Werner, 2006, "Rawls, Historian：Remarks on Political Liberalism's 'Historicism'", *Revue Internationale de Philosophie*, Vol.60, No.237, pp.328—329.

长期向着繁荣而公平的方向发展。工人福利的提高必然压低资本利润率，资本家抬高商品价格以弥补损失，商品价格上涨降低了工人的实质工资，工会对企业施压要求进一步增加工资，资本家又进一步抬高商品价格实施反制。由此形成工人工资和商品价格交互上升的螺旋。20 世纪 70 年代，西方社会出现既滞且胀的危机局面。为摆脱危机，西方社会实行新自由主义经济政策，该政策通过打压工会势力降低工人在劳动力市场上的议价能力，削减社会福利以减少政府支出。工资和税赋的降低提高了资本的利润率，经济危机得以缓和，但代价是贫富差距增大，社会变得更不公平。①整个西方社会呈现出向 19 世纪放任资本主义回归的趋势，只是这一次规模更大，波及全球。②

马克思在《资本论》等著作中剖析了资本主义制度的经济分配方式。马克思认为分配方式是由生产方式决定的，而生产资料所有制的性质则决定了生产方式的性质。任何生产都是劳动力和生产资料的结合，资本主义生产方式的特点是这两种生产要素分别为资本家和工人所有。资本家通过雇佣契约获得一段时限内工人劳动力的使用权。资本家付给工人的工资少于工人劳动力在使用过程中创造的价值，差额部分即剩余价值，成为资本家利润的来源。除了工资和利润的分配之外，马克思还讨论了资本主义社会相对过剩人口的给养问题。资本主义经济周期性波动必然产生过剩人口，而其"最底层陷于需要救济的赤贫的境地"③。这部分人的给养由作为资产阶级代理人的资本主义国家负担。这成为资本主义社会最低额的经济制度根源。马克思指出"劳动力的价值规定包含着一个历史的和道德的要素"。④社会最低额当然也包含一个历史的和道德的要素。西方社会 20 世纪后半

---

① ［法］托马斯·皮凯蒂：《21 世纪资本论》，巴曙松等译，中信出版社 2014 年版，第 25 页。

② Lawler, James, 1998, "Marx as Market Socialist", in *Market Socialism: The Debate among Socialist*, B. Ollman(ed.), Routledge, p.35.

③ 《马克思恩格斯文集》第 5 卷，人民出版社 2009 年版，第 741 页。

④ 同上书，第 199 页。

期的社会最低额要显著高于 19 世纪的救济水平。然而,社会最低额不能过高,以致侵蚀利润、影响资本的积累,或者让工人宁愿不去出卖劳动力。资本主义社会最低额本质上是应对经济周期性,让闲置劳动力得以生存,从而能在经济上升期重新加入产业大军的制度设置,它服务于资本长期增值的需要。

罗尔斯从"社会正义论题"转向"政治合法性论题"的讨论,可以看作是西方社会新自由主义转向在政治思想上的反映。二战之后至 20 世纪 70 年代之前,整个西方社会走向繁荣和公平,《正义论》关于社会正义的理想理论显然包含了罗尔斯对社会进步的憧憬,他的差别原则饱含对社会走向更为平等的期许。这也的确是当时西方大多数政治思想家和普罗大众的普遍愿望,以致当诺奇克要论证一个反福利国家的结论时,他预言"许多人仍会立即拒绝我们的结论,因为他们不愿相信对别人的需要和苦难如此冷漠无情的任何东西"[1]。新自由主义转向后,自由市场在收入分配中占据核心地位,政府不再通过大量转移支付拉平收入差距,而只提供社会最低额。罗尔斯的自由主义政治合法性原则对于社会最低额的规定和对差别原则的排除,与新自由主义时代资本主义国家的职能正相契合。

钱伯斯将后期罗尔斯不再坚持差别原则归因于美国社会公共政治文化未能就激进平等主义观点达成共识,但他未能解释美国社会公共政治文化对经济分配的态度何以既不高于,亦不低于社会最低额。马克思通过对资本主义运行机制的剖析,说明了资本主义分配方式的主导形式必然是以市场分配为主导,辅之以社会最低额。从长期来看,通过政治手段使社会福利

---

[1] ［美］罗伯特·诺奇克:《无政府、国家和乌托邦》,姚大志译,中国社会科学出版社 2008 年版,"前言",第 1 页。诺奇克后期缓和了他的自由至上主义立场,认为它没有顾及"社会团结和对他人的人道关切"。他转而认为应该采取政治行动为穷人提供帮助。(Nozick, Robert, 1989, *The Examined Life*, Simon & Schuster, pp.286—289)这就从与罗尔斯相反的方向回归到马克思对资本主义经济分配的如下诊断:与资本主义制度相适应的分配方式是资本主义市场分配和社会最低额的混合。

高于或低于这一分配份额都会妨碍资本主义经济的正常运行。过高的社会福利会使利润率下降,降低投资,使经济陷于停滞。取消社会最低额则会使市场竞争的失败者(包括破产企业家和失业工人)缺乏给养,无法在经济上升期重新作为市场参与者服务于资本增值。资本主义的分配规律制约着资本主义国家的政治领域,塑造着公共政治文化关于分配正义的主流意识形态。当后期罗尔斯对政治理论的现实可行性有更多关注的时候,他不得不从《正义论》中的激进平等主义立场后退,于是"一个适当的社会最低额取代了差别原则"①。自由主义政治合法性原则是新自由主义转向后西方社会公共政治文化在政治理论上的表达。

小　结

二战之后,西方社会经济上持续繁荣,随着民权运动的高涨,社会也变得更加公平。整个知识阶层都沉浸在乐观的情绪中,罗尔斯《正义论》的整个构想即基于他对西方社会发展前景的乐观心态。当然,哲学的抽象性特点使得这一理论与现实的联系并非一目了然(包括对罗尔斯自己)。当罗尔斯期望《正义论》能够为西方社会的进一步公平发展指明方向的时候,孕育其正义思想的时代已经成为过去。此后,虽然罗尔斯的正义思想在学理上仍占有主导地位,但社会现实的走向却与其理论渐行渐远。在此意义上,《正义论》与马尔萨斯的《人口论》极其类似②。当两位作者自以为在预测未

---

① Chambers, Simone, 2012, "Justice or Legitimacy, Barricades or Public Reason? The Politics of Property-Owning Democracy", in *Property-Owning Democracy: Rawls and Beyond*, Martin O'Neill and Thad Williamson(eds.), Wiley-Blackwell, p.27.

② 马尔萨斯的人口理论可以解释 1800 年之前的人口消长现象,但却无法解释此后出现的社会生产力发展的同时,人口增长停滞甚至人口负增长的现象。(参见[英]格里高利·克拉克:《告别施舍:世界经济简史》,洪世民译,广西师范大学出版社 2020 年版)

来的时候,他们只是在总结过去。

自 20 世纪 70 年代,西方社会开始发生新自由主义转向。虽然将新自由主义转向视为一场资产阶级对付工人阶级的阴谋,有部分道理,但若仅止于此,那就失之于浅陋了。其实,资本主义制度的运行机制就决定了它无法延续自二战之后到 20 世纪 70 年代整个社会走向繁荣和公平的势头。

与马尔萨斯抱守一种理论,因而随着这种理论的过时而过时不同,罗尔斯又一次抓住了时代的脉搏(尽管可能又是无意识的)。他的政治转向一定程度上使他的政治思想再次具有现实相关性。从马克思主义视角观之,无论是用重叠共识理念代替《正义论》第三部分基于康德伦理学对"作为公平的正义"的稳定性论证,还是用自由主义政治合法性标准代替正义原则作为裁决政治权利合法使用的标准,罗尔斯都是在不遗余力地使他的政治哲学适应西方社会"新自由主义转向"这一社会现实。意识形态要随着资本主义社会发展阶段而转变,罗尔斯的前后期思想的转变为马克思主义的这一"老生常谈"提供了一个新鲜别致的案例和印证。

第八章
罗尔斯引进无知之幕的理由

　　罗尔斯在《正义论》初版序言中说他要做的工作是"概括以洛克、卢梭和康德为代表的传统社会契约论,并使之上升到一种更高的抽象水平"。[①]罗尔斯对传统社会契约论的最重要改进之一是用原初状态来代替传统契约论中的自然状态作为社会契约的选择情境。原初状态与自然状态的最大不同是无知之幕的引进。无知之幕遮蔽掉了契约订立者关于自己的三类信息。第一类是自己在社会中的处境,即阶级地位和社会地位;第二类是自己的自然资质和能力,理智和力量水平;第三类是自己的特殊的善观念,也就是自己的理性的生活计划的细节。

　　无知之幕决定了原初状态的主要特征,因而,引进无知之幕的理由的说服力就在很大程度上决定了罗尔斯整个契约论论证的效力。本章前两节概括出罗尔斯引进无知之幕的两种理由,并逐个揭示它们各自的缺陷。第三节通过整合罗尔斯的既有理论资源,重构出一种更有说服力的引进无知之幕的理由。第四节探索罗尔斯和马克思在以社会基本结构作为评判对象方面的类似性。

---

① ［美］约翰·罗尔斯:《作为公平的正义——正义新论》,姚大志译,中国社会科学出版社 2011 年版,"初版序言",第 1 页。

第一节　无知之幕是取得一致性契约的条件

原初状态中契约订立者的任务是要选出唯一的正义原则来决定主要社会制度如何分配各种社会基本善。社会基本善是实现不同生活计划的通约手段，包括权利、自由、机会、收入和财富等，抱有不同善观念的人都想得到更多的社会基本善。①不同的正义原则对应于社会基本善的不同分配方式，这就会使不同契约订立者提出不同的正义原则，并在正义原则的选择问题上争论不休，不能达成一致意见。比如人的天赋才能差异悬殊。有着卓越天赋才能的人会提出类似诺奇克的资格理论的正义原则。资格理论要求保持由自由市场上的自愿交换产生的财产分配状况，反对一切财产再分配。②这些有着卓越天赋才能的人能够生产出在市场上受欢迎的产品和服务，从而获得高额收入。他们有理由支持资格理论作为社会的正义原则。而那些天赋平平，没有能力在自由市场上挣得体面收入的人就会提出与福利制度相对应的正义原则。这两类人难以在社会的正义原则的选择问题上达成一致。

原初状态的任务是要得出唯一的正义原则，但由于契约订立者在自然禀赋、社会地位和善观念等诸多方面的不同，他们会分别提出对自己有利的不同的正义原则，无法在社会契约的内容上达成共识。引进无知之幕能够避免契约订立者在这一问题上争论不休，从而完成原初状态的任务，得到唯一的正义原则。无知之幕是如何做到的呢？无知之幕使得人们不知道自己

---

① ［美］约翰·罗尔斯：《作为公平的正义——正义新论》，姚大志译，中国社会科学出版社 2011 年版，"初版序言"，第 71 页。

② 关于资格理论的具体内容，参见［美］罗伯特·诺奇克：《无政府、国家和乌托邦》，姚大志译，中国社会科学出版社 2008 年版，第 180—184 页。

的特殊利益是什么,从而也就使他们无法提出对自己更为有利的正义原则。例如无知之幕遮蔽掉了关于契约订立者天赋才能的信息,这就使他们无法提出更能适应自己天赋才能的正义原则。没有人会因为天赋才能高的人能在自由市场上得到更多收入而提出资格理论作为社会的正义原则,因为在无知之幕之下,契约订立者无法知道自己是否具有卓越的天赋才能。也没有人会因为完善主义资助文艺事业而选择完善主义,因为在无知之幕之下,契约订立者不知道自己是否对文艺有特殊爱好。无知之幕遮蔽掉了自然禀赋、家庭出身和善观念等造成人们差异的因素,也就使得契约订立者在正义原则的选择问题上失去了讨价还价的基础。《正义论》的好几个地方都表明,罗尔斯引进无知之幕的理由之一就是为了要避免契约订立者在契约内容上的分歧。试举几个例子:

> 我们必须用某种方法消除各种特定偶然事件的影响,这些偶然事件使人们陷入冲突……为了做到这一点,我假定各方是处在无知之幕的背后。[1]

> 限制条件必须能够使相同的原则总是被选择。无知之幕是满足这一要求的一个关键条件。[2]

> 无知之幕使对一种特定正义原则的一致选择成为可能。[3]

> ……对最初处境的更好描述也就是能达到最大一致意见的描述。部分地是由于这种原因,我们接受一种共同观点的约束,因为,当我们的观点受到我们的不同环境的偶然事件影响时,我们就不可能合理地指望我们的观点能达成一致。[4]

---

[1]　[美]约翰·罗尔斯:《作为公平的正义——正义新论》,姚大志译,中国社会科学出版社 2011 年版,第 105 页。

[2]　同上书,第 107 页。

[3]　同上书,第 108 页。

[4]　同上书,第 409 页。

　　无知之幕对造成人们差异的信息的遮蔽的确能够使得契约订立者循着同样的思路推理,从而选出同样的正义原则。无知之幕由此成为取得一致性契约的先决条件。然而,这种达成一致性契约的方法并不是没有代价的。一致性契约只是在无知之幕的假设条件下取得的,而从原初状态中所得到的正义原则却要被应用于现实的公民身上。具有不同自然禀赋、社会地位和善观念的现实的公民不会认同在一种假设条件下所取得的契约内容。虽然当被遮蔽掉关于自己身份的信息时,契约订立者会对契约内容达成一致意见,但在现实条件下,无知之幕被撤去,每个公民有着不同的自然禀赋、社会地位和善观念,他们不会认同契约订立者在无知之幕之下选出的正义原则。我们可以把无知之幕之下的契约订立者看作一群健忘症患者,他们忘却了关于自己身份的各种信息。假设现实中有各种差异性特征的公民与这群健忘症患者一起商讨选出一种正义原则来决定社会基本善的分配,没有理由假定这些具有各种差异性特征的公民会赞同这群健忘症患者的选择。

　　这就出现了一致性契约的订立者和契约的应用对象的错位。只有在无知之幕的条件下,一致性契约才可能被达成,一致性契约的订立者是那些被无知之幕遮蔽了身份信息的人。然而,在原初状态中所选出的正义原则却要被应用于现实的公民身上,这些现实的公民不同于契约订立者,他们知道关于自己身份的各种信息。之所以在原初状态中引进无知之幕,就是因为有着各种差异性特征的公民不能就正义原则的选择问题达成一致意见,可以推知,当无知之幕被撤去,有着各种身份差异的现实公民也不可能都认同无知之幕下的契约订立者所选出的正义原则。无知之幕的引进所实现的契约内容的一致性是一种在假设条件下取得的一致性,不具有现实意义。①

①　我在这里对无知之幕所实现的契约内容一致性的批评与德沃金对原初状态的论证效力的批评有类似之处,参见 Dworkin, Ronald, 1977, *Taking Rights Seriously*, Harvard University Press, p.150 ff。

第二节　无知之幕遮蔽了道德不应得因素

人们的生活前景在一定程度上是自己选择的结果,但在很大程度上也受一些偶然事件(contingencies)的影响。比如人们的天赋才能、家庭出身和所生活的社会环境等全都是作为无法改变的事实降临到人们头上的。然而,这些偶然事件却极大地影响着人们的生活前景,人们的努力只能在由这些偶然事件形成的条件之下在一定程度上改善自己的处境。拿自然禀赋来说,中国人常说勤能补拙,但一个天资平平的人虽能通过勤奋用功在一定程度上弥补自己天赋的不足,却难以使自己像一个天赋很高而又勤劳刻苦的人一样成功。

这些偶然事件不但会影响人们的生活前景,而且会影响契约订立者对正义原则的选择。上文已经说过,天赋好的人会提出资格理论作为社会的正义原则,因为资格理论对天赋好的人更为有利。家庭出身好的人也会选择某种能够保持其有利社会地位的社会正义原则。如此一来,这些偶然事件就会影响契约订立者对社会正义原则的选择。无知之幕的引进能够消除这些偶然事件对社会契约内容的影响。在无知之幕下,契约订立者不知道自己的自然禀赋和家庭出身等偶然事件对自己的影响,因而也就无法将这些偶然事件的影响转移到契约内容中去。罗尔斯引进无知之幕的理由之一就是要隔绝这些偶然事件对社会契约内容的影响,比如他说:

> 在选择原则时任何人都不应因自然运气或社会环境而得益或受损⋯⋯这样我们自然就达到了无知之幕。①

---

① [美]约翰·罗尔斯:《作为公平的正义——正义新论》,姚大志译,中国社会科学出版社 2011 年版,第 15 页。

我们必须以某种方法消除各种特定偶然事件的影响……为了做到这一点，我假定各方是处在无知之幕的背后。①

为什么在社会契约的选择阶段，这些偶然事件就应当被无知之幕遮蔽呢？在罗尔斯看来，这是因为这些偶然事件是人们在道德上不应得的，也即是说，不是人们通过某种努力得来的。因而，由这些偶然事件所带来的利益也是人们不应得的，原初状态应当消除这些偶然事件对契约订立者选择正义原则的影响。国内学者葛四友区分了"反应得"（anti-desert）的两种含义："不应得"（un-deserve）和"非应得"（non-deserve）。"不应得"指我们不应得到我们的天赋或资质，不应得到这些天赋给我们带来的利益，而"非应得"指我们的天赋或资质既不是我们应得的，也不是我们不应得的，它是与应得无关的。葛四友认为无知之幕预设的不是"不应得"理论，而是"非应得"理论。②葛四友的解读是建立在罗尔斯某些论述的歧义之上的，比如当罗尔斯说"……那些天赋更好或者社会地位更幸运的人（对这两种我们都不能说是他们应得的）……"③，在这里罗尔斯的意思既可以理解为"人们的天赋和社会地位是人们不应得的"，也可以理解为"人们的天赋和社会地位是与应得无关的"。然而，罗尔斯的有些论述则没有此种歧义。比如他说"正如我们不应得我们在社会中的最初出发点，我们也不应得自己在自然天赋的分配中所占的地位"④，在这里罗尔斯明确表明他所主张的是一种"不应得"理论。

---

① ［美］约翰·罗尔斯：《作为公平的正义——正义新论》，姚大志译，中国社会科学出版社 2011 年版，第 105 页。

② 葛四友：《论无知之幕和社会契约的作用》，《中国人民大学学报》2012 年第 5 期，第 47 页。

③ ［美］约翰·罗尔斯：《作为公平的正义——正义新论》，姚大志译，中国社会科学出版社 2011 年版，第 12 页。英文原文是"... those better endowed, or more fortune in their social position, neither of which we can be said to deserve ..."。

④ 同上书，第 79 页。英文原文是"We do not deserve our place in the distribution of native endowments, any more than we deserve our initial starting place in society"。

罗尔斯认为人们不应得自然禀赋和家庭出身所带来的利益,因为这些自然禀赋和家庭出身是人们不应得的。罗尔斯在这里预设了这样一种应得理论:如果某人应得某物,他就必须应得产生某物的原因。这种应得理论是无限倒退的,因为按照这种应得理论,如果某人应得产生某物的原因,他就必须应得产生某物原因的原因……如此循环。于是,在这样一种应得理论中,没有任何东西是人们应得的,因为某物的原因总是可以追溯到我们出身以前的某种因素,而这种因素不可能是我们应得的。罗尔斯预设的无穷后退的应得理论实际上取消了任何应得。

针对罗尔斯应得理论的这种自我消解性,诺奇克指出:"以下说法不正确:只有一个人在挣得 Y 的过程中所使用的东西(其中包括天赋)也是他挣得的(或应得的),他才挣得 Y……他只是使用他碰巧拥有(不是非法地)的东西。支撑着应得的基础本身无须从头至尾都是应得的。"①诺奇克在这里认为应得的基础本身无须也是人们应得的,应得的基础可以是人们合法拥有的某种东西,比如人们的天赋。诺奇克的观点得到费因伯格(Feinberg, J.)应得理论的支持。费因伯格认为:"一般而言,构成某主体之应得基础的事实必须是关于这个主体的事实。例如,如果一个学生在某一课程中得到高分,他的这种应得肯定是由于他的相关事实,即他的早期表现,或者他现在的能力……"②在费因伯格的例子中,一个学生的现有的能力就可以成为他应得高分的基础,而这个学生现有的能力却可能受到天赋或家庭的影响,而这些都不是他应得的。费因伯格在这里也认为,一个人的某些事实就可以成为他应得的基础,这些事实本身无须也是他应得的。

与罗尔斯所预设的无穷后退的应得理论相比,诺奇克和费因伯格关于"应得的基础不必也是人们应得的"的观点更为符合人们的直觉。例如在田

---

① [美]罗伯特·诺奇克:《无政府、国家和乌托邦》,姚大志译,中国社会科学出版社 2008 年版,第270 页。

② Feinberg, J., 1970, *Doing and Deserving*, Princeton University Press, pp.58—59.

径比赛中,当把金牌颁给跳得最高的人或是跑得最快的运动员时,裁判员依据的正是运动员的能力和临场表现等事实。裁判员并不会去考虑这些运动员的能力是他们刻苦训练的结果(因而是他们应得的),还是由他们的遗传基因决定的(因而是他们不应得的)。观众也不会觉得裁判员的判决有什么问题。

罗尔斯认为自然禀赋和家庭出身等偶然事件是人们不应得的,正义原则应当隔绝这些偶然事件对人们生活前景的影响。为达此目的,罗尔斯引进无知之幕,遮蔽关于这些偶然事件的信息。然而,罗尔斯在此过程中预设的"人们应得的基础也必须是人们应得的"的应得理论实际上取消了任何应得,而且与人们的直觉不符。

第三节 无知之幕是建立理想的正义理论的条件

以上两节给出了罗尔斯引进无知之幕的两种理由,并通过分析指出,这两种理由都是成问题的。本节拟利用罗尔斯的相关理论资源,重构出一种更有说服力的引进无知之幕的理由。这一重构的要点是:社会基本结构在逻辑上优先于人们自然禀赋的发展、家庭出身和善观念,现实的人们的自然禀赋的发展、家庭出身和善观念都受到现有的不完善的社会基本结构的影响,因而在建立理想的正义理论时,这些关于契约订立者身份的信息都是不相关的。

罗尔斯把正义的主题规定为社会的基本结构,社会的基本结构指社会的主要制度分配基本权利和义务,决定由社会合作所产生的利益的划分方式。①社会基本结构不但对社会不同生活群体的生活前景有重大影响,而且

---

① [美]约翰·罗尔斯:《作为公平的正义——正义新论》,姚大志译,中国社会科学出版社 2011 年版,第 6 页。

对社会成员自然禀赋的发展、家庭出身和善观念有重要影响。

就自然禀赋来说，虽然人们的自然禀赋是独立于社会基本结构的，但自然禀赋只是一些潜能，某种特定的社会基本结构影响着自然禀赋的发展。不同的社会基本结构会鼓励人们发展不同的潜能，在不同的社会基本结构之下，具有相同自然禀赋的人会培养出不同的实际才能。正如罗尔斯所说："人们所实现的才能虽有基因的因素，但这些基因只是一种潜能，其实现需要有一定的社会条件。同时，人们的潜能可能是多方面的，不同的社会基本结构会鼓励和抑制不同才能的发展。"①更重要的是，社会基本结构会影响人们对自然禀赋的评价，不同自然禀赋的相对重要性的标准只有在某种特定的社会基本结构内部才能确立。比如某些艺术天赋，在不同的社会基本结构中会受到不同的评价，艺术天赋的拥有者也会有不同的生活前景。

社会基本结构对人们的家庭出身的影响就更为明显了，比如说一个人是贵族出身，这种出身本身就暗示了某种等级制的社会基本结构的存在，在一个民主社会中，不可能有人是贵族出身。

关于社会基本结构对人们善观念的影响，罗尔斯说："社会结构还以不同方式限制着人们的志向和希望；因为他们有理由部分按照他们在社会结构中的地位来看待自己，并把他们可以现实期待的手段和机会纳入考虑的因素。所以，一种经济制度不仅是一种满足人们现存欲望和抱负的制度体系，还是一种塑造人们未来的欲望和抱负的方式。更一般地说，基本结构塑造着社会制度持续生产和再生产某种文化的方式，这种文化为具有各自善观念的人所共享。"②这段话告诉我们，社会基本结构对于人们善观念的形成有着深远影响。人们会根据他们在社会基本结构中所处的地位和他们能够获得的机会和手段，选择适合自己的善观念。另外，人们的善观念是嵌在

---

① Rawls, John, 1996, *Political Liberalism* (Expanded Edition), Columbia University Press, pp.269—270.

② Ibid., p.269.

某种社会文化中的，而社会基本结构则对社会文化有着深远影响。罗尔斯在这里所表达的观点与社群主义者（communitarian）的观点类似。社群主义者的一个基本观点就是人们的善观念不是人们凭空创造的，而是受到社会文化背景的形成性（formative）影响。

以上的分析表明，人们自然禀赋的发展、家庭出身和善观念在很大程度上都受到社会基本结构的决定性影响。相对于这些因素，社会基本结构在逻辑上是在先的，也即是说，只有在某一特定的社会基本结构中，人们才会选择发展某些自然禀赋，才会有某种家庭出身，才会形成某种的善观念。

社会基本结构的逻辑在先性与原初状态中无知之幕的引进有什么关系呢？罗尔斯讨论的是理想理论（ideal theory），从原初状态中要选出的是完全正义的（perfectly just）原则，而这一原则指导建立的也是完全正义的社会基本结构。以这一完全正义的社会基本结构为标准，我们才能衡量现实中的各种社会基本结构在哪些地方需要改进。罗尔斯说："……两个正义原则确定了完全正义的体系；它们属于理想理论，并确立了一个指导社会改革的目标"[1]；"这样，规定了一种完全正义的基本结构的理想理论，就是非理想理论的一种必要补充；没有这种理想理论，要求改变的愿望就缺乏目标"[2]。

罗尔斯想要建立的是一种理想的正义理论，以指导对现实中各种有缺陷的社会基本结构的改进。由于现实中人们自然禀赋的发展、家庭出身和善观念都受到现有的各种不完善的社会基本结构的影响，因而根据这些信息选出的正义原则就受到了现有的有缺陷的社会基本结构的污染，不能成为完全正义的。为了得到完全正义的原则，我们必须采取一种能够摆脱现实的不完善的社会结构影响的视角，而只有通过引进无知之幕遮蔽关于人

---

[1] ［美］约翰·罗尔斯：《作为公平的正义——正义新论》，姚大志译，中国社会科学出版社 2011 年版，第 192 页。

[2] Rawls, John, 1996, *Political Liberalism* (Expanded Edition), Columbia University Press, p.285.

们身份的信息,我们才能得到这种视角。正如罗尔斯所说:

> 我们必须规定一种视角,从这种视角出发,自由和平等的人们能够
> 达成一个公平的协议,但是这种视角必须既与现存基本结构的特殊性
> 质和境况保持距离,也不为其所扭曲。带有无知之幕的原初状态规定
> 了这种视角。①

现实的人的自然禀赋的发展、家庭出身和善观念受到他们生活于其中
的不完全正义的社会基本结构的影响,为了建立一种理想理论,得到完全正
义的正义原则,原初状态必须摆脱现实中人们自然禀赋的发展、家庭出身和
善观念的影响。通过无知之幕对契约订立者身份信息的遮蔽,原初状态同
现有的社会基本结构保持了距离,从而为我们得到一种描绘完全正义的原
则和社会基本结构的理想理论提供了可能。

第四节 社会基本结构作为正义的主题
——马克思和罗尔斯的共识

这一节探讨罗尔斯和马克思在将社会基本结构整体作为考察和评价的
对象方面的类似性。罗尔斯和马克思对社会基本结构的类似关注已经有学
者注意到。佩弗在《马克思主义、道德和社会正义》一书中试图通过对罗尔
斯正义理论加以修补和完善从而发展出一种马克思主义的正义原则。为了
使他综合马克思和罗尔斯的工作具有初步的可信性,佩弗罗列了马克思和
罗尔斯的一系列共同点,其中第一条就是"两者关注的都是如何评价基本社

---

① [美]约翰·罗尔斯:《作为公平的正义——正义新论》,姚大志译,中国社会科学出版社2011年
版,第24页。

会结构"①。佩弗只是提出了这一观点,对具体细节并未详加探讨。我们已经看到,从罗尔斯将社会基本结构作为评价对象出发,可以重构出一条引入无知之幕的理由,这里,我们将马克思对资本主义生产方式的整体关注应用于他对边际生产力理论的可能回应。

马克思在成熟时期的经济学著作中以劳动价值理论为基础解释了资本主义剥削何以可能。马克思认为在资本主义生产过程中,原料、机器等生产资料并不创造新价值,而只是将自身价值转移到最终产品中。所有新价值都来源于工人劳动。资本主义工厂中的劳动力在使用过程中创造的价值大于工人的工资,差额部分作为利润被资本家攫取。马克思劳动价值理论引起很多争论,其中最主要的争议点是马克思将商品价值的来源完全归于工人劳动是否合理。正如马克·布劳格所论:我们有什么理由认为利润是"不劳而获的收入"? 这个问题似乎是马克思主义者和非马克思主义者之间争论的基础。②

边际生产力理论用每种生产要素的边际产品来衡量其贡献。工人的贡献就是雇佣的最后一个工人所生产的产品,资本的贡献就是投入的最后一个美元引起的产品变化。边际生产力理论认为当自由竞争市场达到均衡时,每个生产要素(资本或劳动)将根据它的边际产品获得报酬,由此产生的分配因而是公平的。③在克拉克(Clark,John B.)看来,利润不是像马克思所说的"不劳而获的收入",而是对资本家投入的资本在生产中贡献的回报。

马克思曾在《资本论》第三卷对"三位一体公式"的批判中讨论过类似边际生产力理论的分配理论。马克思指出:"在资本—利息,土地—地租,劳动—工资这个公式中,资本、土地和劳动,分别表现为利息(代替利润)、地租

---

① Peffer, Rodney G., 1990, *Marxism*, *Morality*, *and Social Justice*, Princeton University Press, p.369.

② [英]马克·布劳格:《经济理论的回顾》(第5版),姚开建译,中国人民大学出版社2018年版,第157页。

③ [美]克拉克:《财富的分配》,陈福生、陈振骅译,商务印书馆1983年版,第3页。

和工资的源泉,而利息、地租和工资则是它们各自的产物,它们的果实。前者是根据,后者是归结;前者是原因,后者是结果;而且每一个源泉都把它的产物当作是从它分离出来的、生产出来的东西。"①

马克思在《哥达纲领批判》中断然否认劳动是一切财富的源泉,并承认自然界也对物质财富有所贡献。②但是,自然界对物质财富的贡献并不能证成一种给地主和资本所有者带来收益的制度。在评估资本主义制度是否正义的时候,我们不能事先假定资本主义财产权具有合法性。罗尔斯在《政治哲学史讲义》的"马克思讲座"部分,深入探讨了这个问题。他指出:"对马克思来说,财产所有权的纯经济租金是不公正的,因为它实际上剥夺了社会成员获得和使用生产资料和自然资源的正当权益;而且,任何制度性地设置了这种租金的制度都是一种剥削与支配的制度。"③资本家仅仅由于允许工人使用资本就获得收益,这种凭借生产资料私有权获得收益是资本主义制度安排造成的。诚如克拉克所说,土地和资本都对生产做出了贡献,但克拉克没有理由认为地主和资本家应该获得收益。在生产资料公有制中,土地和资本等资源所带来的产品增量为所有劳动者共有,而不仅仅被一小撮人独享。资本家之所以凭借生产资料私有权利获取收益,仅仅是由于资本主义制度造成的,不能再以此为出发点来为资本主义分配制度辩护。"在马克思看来,恰恰是资本主义的社会制度,赋予了某些阶级以生产资料拥有者的关键地位,这使得他们可以要求以利润、利息和租金的形式表现出来的回报。"④与私有财产带来收益只是由于制度安排造成的不同,一个人脑力体力的耗费在任何制度中都是生产活动的关键要素,因而劳动这一生产要素与资本和土地不同,它对生产的贡献不依赖于某种特定社会制度而确立。

---

① 《马克思恩格斯文集》第 7 卷,人民出版社 2009 年版,第 924 页。
② 《马克思恩格斯文集》第 3 卷,人民出版社 2009 年版,第 428 页。
③ [美]约翰·罗尔斯:《政治哲学史讲义》,杨通进、李丽丽、林航译,中国社会科学出版社 2011 年版,第 365 页。
④ 同上书,第 361 页。

"[马克思]认为,人的劳动是生产的唯一要素;从社会的角度看,这才是与考虑经济制度的正义性有关的因素。"①

马克思反驳"三位一体公式"的要点在于指出,生产资料私有是一种社会制度安排,所以在评估资本主义制度本身是否正义时,不能将尊重私有制带来的经济收益作为理由为资本主义制度辩护。在评估制度是否正义时,我们应该首先将各种产权预设放在"无知之幕"背后,找到一个不依赖于任何制度安排的规范性前提(分配应该以劳动贡献为唯一标准),然后选择与这一规范性前提相容的产权制度。同样的,在罗尔斯这里,在选择用于指导社会基本结构的正义原则时,自然禀赋、家庭出身和善观念等受社会基本结构影响或塑造的因素也应该放在"无知之幕"背后,由此选出的正义原则才不会受到现存社会基本结构的扭曲。马克思反驳以边际生产力理论为基础的分配理论的理由和本章所重构的罗尔斯引入无知之幕的第三种理由都依赖于两位政治理论家将社会制度或社会基本结构作为评判社会正义与否的对象。

小　结

通过对罗尔斯相关文本的细读,我们可以分离出罗尔斯引进无知之幕的两种理由:第一种理由是为了避免人们的不同身份使他们在契约内容上产生分歧,进而保证唯一的正义原则会被选出;第二种理由是为了隔绝人们的自然禀赋和家庭出身等偶然事件给人们带来不应得的利益。遗憾的是,这两种理由都有各自的不足。

虽然以上两种理由都有缺陷,但通过整合罗尔斯既有理论资源,我们可

---

① ［美］约翰·罗尔斯:《政治哲学史讲义》,杨通进、李丽丽、林航译,中国社会科学出版社 2011 年版,第 364 页。

以重构出一种更有说服力的引进无知之幕的理由。罗尔斯想要建立的是一种理想的正义理论，用以指导对现实的有缺陷的社会基本结构的改革。由于人们的身份信息都受到他们生活于其中的不完全正义的社会基本结构的影响，因而只有引进无知之幕遮蔽这些信息，契约订立者才能选出完全正义的原则，理想的正义理论才能得到。得出这一引进无知之幕的理由的关键在于指出，罗尔斯社会正义原则适用的对象不是人与人之间的个人经济交往，而是社会基本结构，而社会基本结构对于人们自然禀赋的发展和评价，对人们的家庭出身，以及对人们的善观念都有塑造性影响，在逻辑上具有优先性。

罗尔斯将社会基本结构作为考察对象和马克思在《资本论》中将整个资本主义生产方式作为分析对象具有类似性。马克思认为生产资料所有制是一种社会安排，在讨论分配正义问题时，我们应该评估某种生产资料所有制安排是否合理，而不是首先假定某种生产要素所有制状况，然后据此得出不同生产要素所有者应该得到的回报。在新古典政治经济学中，边际生产力理论一开始只是用于成本核算，不涉及分配正义问题。当克拉克从边际生产力理论得出"生产要素的所有者得到回报是公平的"这一结论时，他就预先假定资本主义社会的生产要素分配状况是合理的。正如某种先于正义的应得观念对罗尔斯的正义理论不构成挑战①，基于边际生产力的分配理论对马克思的剥削理论也不构成挑战，因为他像罗尔斯一样，将整个资本主义生产方式（包括其生产资料所有者结构）作为考察对象。

---

① Scheffler, Samuel, 2000, "Justice and Desert in Liberal Theory", *California Law Review*, Vol.88, No.3, p.979.

第九章
马克思的"偶然"和罗尔斯的"运气"

　　2007年出版的罗尔斯的《政治哲学史讲义》包含三讲"马克思讲座",罗尔斯在其中提出了自己对马克思正义思想的阐释。这是当代西方正义理论的集大成者对马克思正义思想当代阐释的亲自介入,值得学界重视。罗尔斯对马克思评价甚高,认为"鉴于马克思的生活处境,他作为一位理论经济学家和资本主义政治社会学家的成就是非凡的,事实上可说是英雄般的"①。罗尔斯在讲义中对于马克思劳动价值理论和其正义思想的关系,以及如何解决马克思的正义观悖论等问题都提出了极具建设性的见解。这里关注的是罗尔斯对马克思的一个质疑,即罗尔斯认为既然马克思认识到共产主义社会第一阶段个人天赋的差别引起劳动者分得消费资料的差别是一种缺陷,他就应当引入类似"差别原则"的原则加以调节,然而他却没有这么做。笔者将论证,罗尔斯的指责源于他对马克思对待非选择的偶然因素的历史唯物主义方法的忽视,而运用马克思的观点去看,罗尔斯处理非选择运气的道德直觉方法不具有现实性。

---

① [美]约翰·罗尔斯:《政治哲学史讲义》,杨通进、李丽丽、林航译,中国社会科学出版社2011年版,第331—332页。

第一节 罗尔斯论运气及其对马克思的质疑

在当代政治哲学中,罗尔斯最早讨论了自然禀赋和家庭出身等运气对人们生活前景的影响,他对马克思的质疑正是基于他自己在此一问题上的立场。本节首先总结罗尔斯正义理论处理运气的方式,然后介绍罗尔斯对马克思的质疑。

一、罗尔斯论运气

罗尔斯《正义论》讨论的是社会分配正义问题,试图找出能够公平分配由社会合作产生的利益和负担的正义原则。罗尔斯认为现实中不平等的分配状况很大程度上可归因于人们的运气,影响分配份额最重要的两类运气是家庭出身和自然禀赋,也即社会运气和自然运气。由于一个人的出身和天资都是非选择的,并不反映人们的道德应得,所以正义的分配原则应当减弱这些因素与人们收入之间的联系。罗尔斯对运气的看法深刻影响到他的正义理论建构,这种影响既体现在罗尔斯的社会契约论方法,又体现在他对他的两个正义原则的道德直觉说明。

罗尔斯在论证方法上发展了洛克、卢梭和康德的社会契约论传统。社会契约论方法的特点是从某种最初处境出发,诉诸人们的选择,得出组建政府或构造社会基本结构的原则。不同于传统社会契约论把最初处境阐释为某种前政治社会的自然状态,罗尔斯把最初处境阐释为原初状态。原初状态不是一个实际的历史状态,而是一个思想实验,其最显著特点是假定有一道无知之幕遮蔽了社会契约订立者的身份信息,"没有一个人知道他在社会中的地位——无论是阶级地位还是社会出身,也没有人知道他在先天的资质、能力、智力、体力等方面的运气"①。处于无知之幕之后的人就像得了健忘症,忘记了他们的家庭出身和自然禀赋,这也就使他们不能出于利己之心而选择那种使他们所处的社会阶层或他们所拥有的天赋获益更多的正义原则。无知之幕由此保证了从原初状态中选出的正义原则不受社会运气和自然运气影响的扭曲。

除了在对原初状态的设计上引入无知之幕以抵消社会运气和自然运气的扭曲之外,罗尔斯还在《正义论》第 12 和第 13 节对他的两个正义原则如何克服运气从道德直觉上作了说明。这两节内容不以社会契约订立者的选择为中介,最为直观地揭示出对于运气的考量如何影响到罗尔斯的正义原则。罗尔斯从对放任资本主义的评论开始考察。放任资本主义尊崇形式的机会平等原则,即"职业向才能开放"。在自由市场中,人们凭借各自的才能谋求职位,生产各种产品和服务换取回报,没有人受到歧视。虽然与封建社会将各种有利职位保留给贵族成员相比,"职业向才能开放"是一个历史的进步,但罗尔斯指出,形式的机会平等原则是不够的,因为有着更好家庭出身或更好自然禀赋的人更有可能培养出有着更高市场价值的才能,从而获得更大收入份额。放任资本主义的不正义之处在于它允许分配的份额受到这些道德上任意因素的不适当影响。②

罗尔斯引入实质的机会平等原则和差别原则分别克服了这两类运气对人们生活前景的影响。实质的机会平等原则要求通过设立水平均等的公共教育体系等措施,确保有着相同天赋和志向的人有着大致相同的成功机会。罗尔斯指出,在某种家庭形式存在的情况下,家长总是能够通过某种方式影响孩子的成长,因而公平机会的原则只能不完全地实现。③差别原则则要求

---

① [美]约翰·罗尔斯:《正义论》(修订版),何怀宏、何包钢、廖申白译,中国社会科学出版社 2009 年版,第 10 页。

② 同上书,第 56 页。

③ 同上书,第 57 页。

那些天赋较好的人在使用其天赋获取利益的同时,也必须同时使得天赋较差的人获益。罗尔斯指出,差别原则实际上代表人们同意把自然天赋的分布看作某种意义上的一种共同资产,并共享由天赋分布的互补性所带来的较大社会与经济利益。①

罗尔斯通过正义原则消减个人天赋和家庭出身这两类运气对人们生活前景的影响的做法在当代政治哲学史上产生很大影响,成为20世纪80年代后发展起来的运气平等主义的理论源头。②罗尔斯指责马克思没有在共产主义社会第一阶段采取措施消除天赋差异对劳动者所得的影响,正是以他在正义理论建构中对运气的考量为参照的标准。

二、罗尔斯对马克思的质疑

马克思在《哥达纲领批判》中把共产主义社会分为两个阶段。在第一阶段,"除了个人的消费资料,没有任何东西可以转为个人的财产",生产资料私有制的废除使得资本主义剥削不再可能,取而代之的是按劳分配原则:"每一个生产者,在作了各项扣除以后,从社会领回的,正好是他给予社会的。他给予社会的,就是他个人的劳动量。"③然而,马克思认为按劳分配并不是一种完美的分配制度。原因之一是,按照按劳分配原则,"一个人在体力或智力上胜过另一个人,因此在同一时间内提供较多的劳动,或者能够劳

① [美]约翰·罗尔斯:《正义论》(修订版),何怀宏、何包钢、廖申白译,中国社会科学出版社2009年版,第77—78页。

② 尽管能否把罗尔斯本人归为运气平等主义者尚存在争论,但争论双方都承认运气平等主义的主要洞见来源于罗尔斯的著作。将罗尔斯归入运气平等主义一方的阐释者有金里卡[Kymlicka, Will, 2002, *Contemporary Political Philosophy: An Introduction* (Second Edition), Oxford University Press, p.73]和赫尔利(Hurley, S. L., 2003, *Justice, Luck, and Knowledge*, Harvard University Press, p.133);认为罗尔斯不是平等主义者的阐释者包括弗里曼(Freeman, Samuel, 2007, *Justice and the Social Contract: Essays on Rawlsian Political Philosophy*, Oxford University Press, p.115)和舍弗勒(Scheffler, Samuel, 2003, "What Is Egalitarianism?", *Philosophy and Public Affairs*, Vol.31, No.1, pp.5—39)。

③ 《马克思恩格斯文集》第3卷,人民出版社2009年版,第434页。

动较长的时间",这个人就会分得更多生活资料,这实际上就是"默认,劳动者的不同等的个人天赋,从而不同等的工作能力,是天然特权"①。马克思将一个人的自然天赋对其所得的影响说成是一种"弊病",并认为这一弊病在共产主义社会第一阶段是不可避免的。

罗尔斯反问道:"我们为什么只能等着经济条件发生改变? 社会为什么不能接受(比方说)一种诸如差别原则那样的原则,实行有差别的税收政策等,并且对激励手段加以调节,从而使得那些拥有较高天赋的人为那些拥有较低天赋的人的利益而工作? 马克思仅仅是出于疏忽而没有考虑到这一点吗?"②

罗尔斯试图对这些疑问给出自己的答案。他援引科恩的阐释,认为马克思接受自由至上主义的观点,该观点有两个要点:第一,"每个人对于他自己的人身和能力都拥有完整的自我所有权;因而,每个人都有道德权利去做他自己想做的任何事情,只要他的做法不损害任何其他人的个人所有权";第二,"其他人不能以惩罚的痛苦相威胁而要求他去帮助别人,除非他签署了要帮助别人的契约"。③罗尔斯指出,由于接受了以上观点,"马克思认为不应当要求那些天赋较高的人通过这样一种方式——即对那些天赋较低的人的福利作出贡献——来挣得其更大的消费份额"④,他由此推测"马克思会拒绝差别原则和与此类似的原则"。但罗尔斯对此表示异议,他认为"我们必须引入诸如差别原则或其他这类措施,以便在较长的时间内能够维持背景正义"。⑤

罗尔斯以上给出的答案有明显漏洞。如果马克思如罗尔斯所说,认可

---

① 《马克思恩格斯文集》第 3 卷,人民出版社 2009 年版,第 435 页。
② ［美］约翰·罗尔斯:《政治哲学史讲义》,杨通进、李丽丽、林航译,中国社会科学出版社 2011 年版,第 380—381 页。
③ 同上书,第 381 页。
④ 同上书,第 382 页。(译文有改动)
⑤ 同上书,第 382 页。

自由至上主义观点,他就不会将共产主义社会第一阶段中由天赋差别引起的劳动者所得消费资料的差别说成是一种"缺陷"。因为按照自由至上主义观点,人们对其自然天赋拥有所有权,在生产资料公有制条件下,每个人都拥有使用外部自然资源的平等权利,资本主义剥削的基础不复存在,每个人利用其自然天赋获取回报也就无可指摘。由于天赋差别引起的劳动能力的差别,人们相应会得到不等的生活资料。按照自由至上主义观点,保留这种差别非但不是一种"缺陷",反而恰恰是"正义"的要求。既然马克思将这一分配状况说成是一种缺陷,他就不可能认同自由至上主义观点。

虽然罗尔斯的答案有误,但他对马克思的质疑仍然需要马克思研究者作出回应。马克思一方面将共产主义社会第一阶段由劳动者天赋的不平等引起的享有消费资料方面的不平等说成是一种缺陷,另一方面却又没有引入类似罗尔斯的差别原则的原则对其进行调节,这是否如罗尔斯所说是一种"疏忽"呢?

第二节　马克思论偶然性

马克思多次提到,在资本主义社会中,无论是生产力的发展还是生产关系都不在人的掌控之中,而是作为一种异己的力量控制着人,从这个意义上说它们都是偶然的。然而,马克思对罗尔斯意义上的影响人们生活前景的偶然因素(家庭出身和自然禀赋)并没有系统性论述。这两种偶然性的一个显著区别在于:当生产力和生产关系是一种不受人们掌控的偶然因素,无论资本家还是工人阶级都过着一种非人的异化生活,正如马克思在《神圣家族》中所说:"有产阶级和无产阶级同样表现了人的自我异化"[1];而家庭出

---

[1] 《马克思恩格斯文集》第 1 卷,人民出版社 2009 年版,第 261 页。

身和自然禀赋的偶然则使一部分人相对于另一部分人受益,因而关涉分配正义议题。罗尔斯对马克思的指责是与分配正义相关的偶然,相应地,与笔者的写作任务相关的就不是马克思有较多论述的前一种"偶然",而是马克思很少提及的后一种"偶然"。由于罗尔斯对与分配正义相关的偶然大书特书,而马克思对之则是偶有提及,这就使得我们在评估上面介绍的罗尔斯对马克思的质疑时,面临"难以对焦"的难题。本节从马克思的文本出发,梳理并合理重构出马克思在对待家庭出身和自然禀赋这两类偶然性问题上的观点,从而为回应罗尔斯的质疑做好理论准备。

一、马克思论社会家庭偶然性

对于理解马克思关于社会家庭偶然性的观点,最有价值的文本是《德意志意识形态》中下面这段论述:

> (1)有个性的个人与偶然的个人之间的差别,不是概念上的差别,而是历史事实。(2)在不同的时期,这种差别具有不同的含义,例如,等级在 18 世纪对于个人来说就是某种偶然的东西,家庭或多或少地也是如此。(3)这种差别不是我们为每个时代划定的,而是每个时代本身在既存的各种不同的因素之间划定的,而且不是根据概念而是在物质生活冲突的影响下划定的。(4)在后来时代(与在先前时代相反)被看作是偶然的东西,也就是在先前时代传给后来时代的各种因素中被看作是偶然的东西,是曾经与生产力发展的一定水平相适应的交往形式。①

马克思在这段话中提到的偶然因素是"等级"和"家庭",这对应于罗尔斯所说的社会运气。(1)和(2)说的是人的何种属性被视为偶然,不是通过

———————

① 《马克思恩格斯文集》第 1 卷,人民出版社 2009 年版,第 574—575 页。序号为引者所加。

概念分析（例如对人的同一性进行分析）得到的一成不变的结论，而是历史地确定的变化因素。例如在封建社会，等级地位被看作人的本质特征，"贵族总是贵族，平民总是平民，不管他的其他关系如何；这是一种与他的个性不可分割的品质"①。而到了 18 世纪封建社会向资本主义社会转型的关键时期，"等级"就变为一种外在于人的个性的偶然因素了。马克思在这里说家庭或多或少也变成偶然因素，这是相对于封建社会血统论而言的，在封建社会转变为资本主义社会之后，随着世袭封建特权的取消，家庭血统不再决定一个人的社会等级。但在资本主义社会，富裕家庭可以通过其他方式影响子女的生活前景，因而这种松动只是"或多或少的"。

（3）和（4）将某种因素是否适应生产力的发展水平作为判定该因素是否为偶然因素的标准。封建等级制曾经有利于以小农经济为基础的封建社会经济结构的稳定，能够促进生产力的发展。但到了向资本主义社会转型的过程中，资本主义经济的发展以自由劳动力市场的形成为条件，由于等级制束缚劳动力使其不能自由买卖，因而阻碍了生产力的发展，这时等级就逐渐由一种"与他的个性不可分割的品质"变成了一种外在于人的个性的偶然因素了。

马克思指出从封建社会到资本主义社会的转变，等级制被取消，家庭出身不再通过血统来影响人们的生活前景。正如康德 1793 年在《论俗语》中所说："共同体中的每个成员都得能够达到他凭其才干、辛勤与幸运而能在其中达到的每一层级的地位（这个层级是一个臣民所能拥有的）；而其同为臣民的同胞不可凭借一种世袭的特权（对于某一地位的特殊优待）来妨碍他，而将他及其后代永远压制在这种特权之下。"②康德在这里呼唤的正是放任资本主义社会中的形式的机会平等原则。像罗尔斯一样，马克思也认

---

① 《马克思恩格斯文集》第 1 卷，人民出版社 2009 年版，第 571 页。
② ［德］伊曼努尔·康德：《康德历史哲学论文集》，李明辉译注，广西师范大学出版社 2020 年版，第 106 页。

为形式的机会平等原则并不能消除社会家庭环境的影响,而只是将其"或多或少"地松动。因为在资本主义社会,富裕家庭还可以通过遗赠给子女大量财产和为子女购买更好的受教育机会来影响子女的生活前景。例如马克思在《政治经济学批判大纲》中谈到在商品经济中,遗产继承"是这种社会规定的贯彻"。①马克思在《资本论》第一卷第四章等处谈到劳动力的教育和培训。②在资本主义社会中,父母的收入水平决定了子女所受教育的质量。

马克思并未谈到社会家庭运气对人们生活前景的影响在何时被彻底克服,在这一问题上只能靠合理猜测。笔者认为在共产主义社会第一阶段,资本主义社会中富裕家庭影响子女生活前景的以上两个主要途径已被基本克服。第一,在共产主义社会第一阶段,生产资料为全社会所公有,"除了个人的消费资料,没有任何东西可以转为个人的财产"③。富裕家庭只能给子女提供更多更好的生活资料,并不能让子女继承生产资料而成为剥削者或食利者。由于生活资料往往使用期限较短,父母不可能积聚大量生活资料以使子女终身可以不劳而食。子女达到劳动年龄后,仍需要通过劳动挣得生活资料。第二,在共产主义社会第一阶段所实行的按劳分配并不是严格意义上的按劳分配,在对社会总产品根据个人贡献分配之前,先要做一些扣除,扣除的目的之一就是供学校使用。④可以合理假定,各个学校的教育水平大致相当。由于生产资料公有,以营利为目的的各种私立学校和培训机构不复存在,富裕家庭的父母不可能以高价为其子女购得有差别的教育服务。由此,不同家庭的子女会有大致相当的受教育机会。因而,在共产主义社会第一阶段,家庭出身这一偶然因素影响生活前景的两种主要途径已被堵塞,当然,父母总是可以通过言传身教等方式影响子女的成长,但这是在

---

① 《马克思恩格斯全集》第30卷,人民出版社1995年版,第202页。
② 《马克思恩格斯文集》第5卷,人民出版社2009年版,第200页。
③ 《马克思恩格斯文集》第3卷,人民出版社2009年版,第434页。
④ 同上书,第433页。

家庭制度存在的条件下难以避免的。

二、马克思论自然禀赋

马克思虽然同意亚当·斯密所说的"从根本上说,搬运夫和哲学家之间的差别要比家犬和猎犬之间的差别小得多"①,但并没有否认个人天赋差异的存在。马克思在《哥达纲领批判》中指出,按照共产主义社会第一阶段实行的按劳分配原则,"一个人在体力或智力上胜过另一个人,因此在同一时间内提供较多的劳动,或者能够劳动较长的时间",这个人就会分得更多生活资料。这实际上就是"默认,劳动者的不同等的个人天赋,从而不同等的工作能力,是天然特权"②。马克思根据什么标准将这种天然特权说成是一种"缺陷"呢?

国内外学者的主流解释认为,马克思在这里表达了跟罗尔斯对待自然运气同样的规范性立场。佩弗指出:"马克思之所以宣称这一分配标准不公平,是因为它允许那些有着'天然特权'的人利用这些特权得到社会财富的更大份额。然而应当注意,马克思(或任何一个人)能有此担忧是因为他们接受如下前提:即人们只对他们的应得之物才有获取的资格,而没有人应得他们与生俱来的自然优势。"③佩弗还特别指出了马克思的这一立场与罗尔斯的立场是一致的。段忠桥也认为:"从他(指马克思。——引者注)讲的第一个'弊病'可以推断,其原因只能是劳动者的不同等的个人天赋是由偶然因素造成的,即不是由他们自己选择的,因而从道德上讲是不应得的,因此,由其导致的劳动者所得的不平等是不应当的。"④段忠桥在这里也对马克思进行了某种罗尔斯式的解读。

---

① 《马克思恩格斯文集》第1卷,人民出版社2009年版,第619页。
② 《马克思恩格斯文集》第3卷,人民出版社2009年版,第435页。
③ Peffer, Rodney G., 1990, *Marxism, Morality, and Social Justice*, Princeton University Press, p.333.
④ 段忠桥:《当前中国的贫富差距为什么是不正义的?——基于马克思〈哥达纲领批判〉的相关论述》,《中国人民大学学报》2013年第1期,第11页。

问题是,如果马克思对这一规范性立场有所承诺,他就应该认为在任何社会(而不单是共产主义社会第一阶段)个人天赋的差异不应影响人们的所得。然而,在《资本论》等批判资本主义制度的著作中,马克思却从未表示工人的不同能力(部分是由天赋差异所致①)给他们带来不同等收入有任何不当之处,相反,马克思却认为"这种劳动能力的较高价值必须支付给工人本人并表现为较高的工资"②。当然,在马克思对资本主义经济制度的考察中,他所关注的主要是资产阶级和无产阶级这两大阶级之间的经济关系,经济利益分配不公平的主要原因不是工人之间由于个人天赋差异导致的劳动能力以及工资的差异,而是作为一个阶级的资本家对作为一个阶级的工人的剥削。然而,马克思并没有忽略工人之间的竞争关系,例如他谈到计件工资制度会促进工人之间的相互竞争。③在这里由个人天赋差异所引起的劳动能力的差异显然会给工人带来不同收入。如果马克思果真抱有佩弗和段忠桥归于他的规范性立场,那么他就应当一方面谴责资产阶级对工人阶级的剥削,另一方面也指责由工人的不同个人天赋带来的工资差别。他没这样做显然与他关于共产主义社会第一阶段"缺陷"的评论不相一致。

由于将"由非选择因素造成的所得差别是不公平的"这一规范性立场加于马克思会产生以上阐释上的困难,我们最好寻找马克思将共产主义社会第一阶段中由天赋差别引起的劳动者所得差别说成是一种"缺陷"的替代性(alternative)解释。笔者的解释立基于马克思在权利和正义问题上的历史

① 如果马克思认为天赋差异在资本主义社会不会造成工人劳动能力的差异,那么他也就没有理由认为在共产主义社会第一阶段个人天赋的差异会引起劳动者劳动能力的差异。可以找到文本证据证明,马克思明确承认在资本主义社会,工人的先天禀赋会影响其劳动能力,进而影响其工资收入,例如马克思指出:"工场手工业发展了一种劳动力的等级制度,与此相适应的是一种工资的等级制度……各种劳动操作,也要适应这种由先天的和后天的技能构成的等级制度。"(《马克思恩格斯文集》第 5 卷,人民出版社 2009 年版,第 405 页)

② 《马克思恩格斯文集》第 8 卷,人民出版社 2009 年版,第 513 页。

③ 《马克思恩格斯文集》第 5 卷,人民出版社 2009 年版,第 639 页。

唯物主义观点。马克思在《哥达纲领批判》中指出:"权利决不能超出社会的经济结构及由经济结构制约的社会的文化发展。"①这句话的意思是权利或者正义既不是抽象自某种普遍人性,也不是出于某种人道主义的道德直觉,而是内嵌于某种特定的社会经济结构。由此可以合理推测,马克思对不同社会中由天赋差别引起的分配份额差别的不同评价可能产生自不同社会的经济结构差别。资本主义生产方式的最重要前提是劳动力成为商品,可以在劳动力市场上自由买卖。像其他商品一样,劳动力作为商品预设工人对这种商品的私有。马克思指出:"劳动力占有者要把劳动力当做商品出卖,他就必须能够支配它,从而必须是自己的劳动能力、自己人身的自由所有者。"②不同工人的技巧和耐力有所不同,这部分是由于教育和培训的影响,部分也由于个人天赋的不同。由于劳动力的私有性质,人们不可能如罗尔斯所说的"把自然天赋的分配在某些方面看作一种共同资产,并共享由天赋分布的互补性所带来的较大社会与经济利益"③。相反,商品市场的规则是质优者价高,不同劳动能力拥有者获取不同报酬。

劳动力作为商品的自由买卖是与资本主义阶段生产力的发展相适应的,马克思指出不同质量劳动力的拥有者获取不同回报能够为"劳动能力本身的发展提供刺激"④。一方面,工人会以增加教育和培训投入的方式使个人天赋发展为适应市场需求的能力,另一方面,拥有更好天赋的工人也会更加努力工作,实现个人天赋的最大价值。工人不同的劳动能力是先天禀赋和后天培养的不同组合。在资本主义社会的劳动力市场上,工人劳动能力的差别带来的工资差别并不被看作需要加以克服的偶然,这种差别能够提高劳动生产率,因而与资本主义阶段生产力发展水平相适应。

---

① 《马克思恩格斯文集》第3卷,人民出版社2009年版,第435页。

② 《马克思恩格斯文集》第5卷,人民出版社2009年版,第195页。

③ [美]约翰·罗尔斯:《正义论》(修订版),何怀宏、何包钢、廖申白译,中国社会科学出版社2009年版,第77—78页。

④ 《马克思恩格斯文集》第8卷,人民出版社2009年版,第513页。

共产主义社会第一阶段作为一个过渡阶段的性质,决定了它一方面在其分配制度中保留资本主义社会的遗迹,另一方面又内含对共产主义高级阶段分配正义原则的趋向,这就产生了以所趋向的分配正义原则来衡量现实分配制度的可能性。共产主义社会第一阶段一方面承接资本主义社会,"是刚刚从资本主义社会中产生出来的,因此它在各方面,在经济、道德和精神方面都还带着它脱胎出来的那个旧社会的痕迹。所以,每一个生产者,在作了各项扣除以后,从社会领回的,正好是他给予社会的。他给予社会的,就是他个人的劳动量"①。"所以"一词表明,共产主义社会第一阶段所实行的按劳分配是在生产资料公有制条件下,对资本主义社会等价交换原则的一种延续。劳动者的天赋差别仍然通过影响其所提供劳动的质量和数量的方式影响人们的所得。但共产主义社会第一阶段还指向共产主义社会高级阶段,因而它还以按需分配的目标作为自己发展的方向。当以按需分配作为规范性标准来观照按劳分配的现实,后者允许劳动者的天赋差别影响其所得就呈现为一种"弊病"。正如马克思在《德意志意识形态》中所说:"人们的头脑和智力的差别,根本不应引起胃和肉体需要的差别;由此可见,'按能力计报酬'……应当……变为'按需分配'这样一个原理,换句话说:活动上,劳动上的差别不会引起在占有和消费方面的任何不平等,任何特权。"②

第三节 回应罗尔斯

按照笔者的阐释,马克思对于与分配正义相关的偶然因素的处理以历史唯物主义为支撑。一方面,就社会家庭偶然性来说,伴随着封建社会向资本主义社会的过渡,一个人的出身等级逐渐由一种"与他的个性不可分割的

---

① 《马克思恩格斯文集》第 3 卷,人民出版社 2009 年版,第 434 页。
② 《马克思恩格斯全集》第 3 卷,人民出版社 1960 年版,第 637—638 页。

品质"变成了一种外在于人的个性的偶然因素,不再影响一个人的生活前景。但在资本主义社会,一个人出身家庭的富裕程度对其生活前景仍有较大影响。及至共产主义社会第一阶段,由于生产资料公有,富裕家庭的子女无法通过继承大量生产资料而成为食利者或剥削者,私立学校的消除也在很大程度上消减了教育的不公平,家庭出身这一引起人们生活前景差异的偶然因素得以消除。另一方面,就自然禀赋偶然性来说,马克思之所以认为在资本主义阶段人们自然天赋的差别带来的收入差别没有不公之处,是因为在劳动力成为一种商品的情况下,自由工人是"自己的劳动能力的所有者"①。在共产主义社会第一阶段,虽然劳动力已经不是商品,但由于生产力还没有发达到可以实现"按需分配"的程度,生产方式本身还要求在个人天赋和个人所得之间建立很强联系,也即实行按劳分配。同时,共产主义社会第一阶段对作为共产主义社会高级阶段按需分配原则的内在趋向,使得按劳分配制度中劳动者个人天赋影响其所得的弊病暴露出来,而直到共产主义社会高级阶段这一弊病才得以消除。

可见,马克思采取一种历史渐进的方式消除偶然因素对人们生活前景的影响,而不是如罗尔斯将其放在同一个平面上一揽子解决。罗尔斯诉诸概念分析确定人的何种特性被列入应当消除的偶然性之列,而所得的结论往往与西方社会人们实际遵守的原则冲突。例如,罗尔斯对自然运气影响的消除就有悖于人们关于资本主义社会经济运行的直觉。罗尔斯认为允许财富和收入的分配受能力和天赋的自然分布决定是一个"被直觉到的缺陷"②,然而,大量实证研究却表明在西方资本主义社会中人们并没有这样一种直觉,即认为天赋才能引起的收入差距是不公平的。毋宁说人们抱有相反的直觉,即人们应得其运用天赋才能所获得的收益和人们必须为自己

---

① 《马克思恩格斯文集》第8卷,人民出版社2009年版,第513页。
② 〔美〕约翰·罗尔斯:《正义论》(修订版),何怀宏、何包钢、廖申白译,中国社会科学出版社2009年版,第57页。

的命运负责。①试想，如果人们一方面（如罗尔斯所说）认为由天赋才能带来的收益是不应得的，另一方面又充分利用自己的各种优势（其中就包括在天赋上的优势），力求在劳动力市场的竞争中胜出，他们势必处于精神分裂之中。按照马克思的观点，劳动力市场与劳动者对自己劳动力的私有相对应，不可能要求劳动者将自己天赋才能带来的收益与别人分享。在劳动力市场还存在的情况下，个人天赋必然被看作劳动者本身的构成性因素，而不是需要被克服的偶然因素。马克思指出："对于自由工人来说，他的总体上的劳动能力本身表现为他的财产，表现为他的要素之一，他作为主体支配着这个要素。"②即便到了共产主义社会第一阶段，生产力的中等发达水准这一社会现实仍要求人们的收入直接是人们劳动贡献的函数。马克思虽洞察到其弊病，但仍坚持认为按劳分配是由其时社会生产力发展水平决定的唯一合理的分配方式。马克思对共产主义社会第一阶段分配方式的规定立基于他的历史唯物主义观点之上。

小　结

虽然马克思对于非选择因素对人们生活的影响也有关注，但不能因此而将马克思视为一个"潜在的"运气平等主义者。当马克思将共产主义社会第一阶段中个人天赋的差别引起消费资料的差别说成是一个"缺陷"时，他并不是站在罗尔斯那样一个"人们不应得由非选择因素带来的利益或不利"的规范性立场对按劳分配制度加以诟病。马克思是从共产主义社会第一阶

① Chambers, Simone, 2012, "Justice or Legitimacy, Barricades or Public Reason? The Politics of Property-Owning Democracy", in *Property-Owning Democracy: Rawls and Beyond*, Martin O'Neill and Thad Williamson(eds.), Wiley-Blackwell, p.25.

② 《马克思恩格斯全集》第 30 卷，人民出版社 1995 年版，第 457 页。

段作为一个由资本主义社会到共产主义社会高级阶段过渡的社会阶段的性质着眼，指出这一阶段的分配制度一方面与刚刚脱胎于资本主义社会的以公有制为基础的生产方式相适应，另一方面与它所趋向的高级阶段所实现的"各尽所能，按需分配"原则相比呈现出缺陷和不足。正是由于没有看到马克思对偶然因素的探讨建基于其唯物史观之上，罗尔斯才会认为，既然马克思看到了自然天赋影响收入是一种"缺陷"，他就应当引入类似差别原则的原则来加以调节，罗尔斯进而将马克思没有这么做看作一种"疏忽"。而按照历史唯物主义，撇开对生产方式的考察，只是从"补偿坏运气"的规范性立场出发来探讨分配正义的进路只能是意识形态的呓语。

附录
马克思、诺奇克和资本主义市场交换

　　马克思在 19 世纪对作为资本主义意识形态的传统自由主义作了最为深刻的批判。对所有后来的自由主义倡导者(如哈耶克、波普尔和罗尔斯等)而言,如何回应马克思的批判成为他们面临的一个总课题。在当代西方政治哲学光谱中,诺奇克代表了自由主义的极右翼。他在 1974 年问世的《无政府、国家和乌托邦》一书中试图证成"一种最低限度的国家,其功能仅限于保护人们免于暴力、偷窃、欺诈以及强制履行契约等等"①。20 世纪 70 年代以来,西方国家经济面临滞胀压力,福利资本主义制度难以为继。诺奇克此书契合了要求减少国家干预、削减社会福利、恢复市场中心地位的新自由主义思潮,成为该思潮在政治哲学领域的代表性著作。②

　　新自由主义提倡自由放任的市场经济,问题在于由资本主义市场决定收入分配(尤其是劳资分配)是正义的吗? 按照马克思主义政治经济学,资本主义自由市场是实现资本主义剥削的一个机制,它既是工人被迫出卖劳动力使得剥削得以开始的场所,也是资本家出售凝结有工人剩余劳动的商品以实现剩余价值的场所。诺奇克认识到,"人们不会长期容忍一种他们相信是不正义的分配"③。他提出"资格理论"用以论证资本主义市场交换的正义性。虽然

---

① [美]罗伯特·诺奇克:《无政府、国家和乌托邦》,姚大志译,中国社会科学出版社 2008 年版,第 1 页。
② Harvey, D., 2005, *A Brief History of Neoliberalism*, Oxford University Press, p.44.
③ [美]罗伯特·诺奇克:《无政府、国家和乌托邦》,姚大志译,中国社会科学出版社 2008 年版,第 189—190 页。

资格理论针对的切近目标是以罗尔斯为代表的各种收入再分配理论,但诺奇克也自觉地将马克思视为主要论敌之一。诺奇克除讥讽"马克思的剥削是对经济学缺乏了解的人们的利用"①以外,还试图论证工人与资本所有者之间的市场交换完全自愿,因而按照资格理论也就是正义的。由于诺奇克为资本主义市场交换正义性所作的辩护与马克思对资本主义市场制度的批判针锋相对,难以两立,因而厘清他与马克思的分歧并予以回应就成为马克思主义研究者面临的一个理论任务。另外,此项工作对于我们从马克思主义立场洞悉随全球化浪潮裹挟而来的西方新自由主义思潮亦具有现实意义。

第一节 "非模式化的"模式化

自从马克思从古典政治经济学的前提出发,引出了资本主义制度是一种剥削制度的结论以来,在西方占据主流地位的新古典经济学一直致力于反驳马克思的这一结论。19 世纪后半期形成的新古典经济学派声称他们(而不是马克思)才是亚当·斯密领衔的古典政治经济学的合法继承人。新古典经济学派抛弃了劳动价值理论,从不同进路论证资本主义自由市场分配的正义性。诺奇克虽在《无政府、国家和乌托邦》一书中频频引用该学派的观点②,但他的理论贡献在于在政治哲学领域内,提出了一种资格理论来

① [美]罗伯特·诺奇克:《无政府、国家和乌托邦》,姚大志译,中国社会科学出版社 2008 年版,第 314 页。(译文有改动)

② 例如诺奇克提到边际生产力理论和资本报酬作为推迟消费的回报理论(诺奇克:《无政府、国家和乌托邦》,第 224 页、第 304 页。),这两者分别是新古典经济学家克拉克和马歇尔为资本主义市场分配正义性辩护的经典理论。边际生产力理论认为当自由竞争市场达到均衡时,每个生产要素(资本或劳动)将根据它的边际产品获得报酬,由此产生的分配因而是公平的。(克拉克:《财富的分配》,陈福生、陈振骅译,商务印书馆 1983 年版,第 3 页)马歇尔指出:"照人类本性的现状来看,我们有理由说,资本的利息是享受物质资源的等待所含的牺牲之报酬,因为,如果没有报酬,很少人会大量储蓄。"[马歇尔:《经济学原理》(上卷),朱志泰译,商务印书馆 1964 年版,第 248 页]

为资本主义制度辩护。资本主义最重要的两个特征是生产资料私有制和自由市场,诺奇克的"资格理论"试图为这两个特征提供辩护。资格理论包含三条原则:(1)获取的正义原则规定对自然资源的私有只要不降低其他不再能获取者的物质生活状况即可,这就论证了一种允许占有和永久所有权的制度;(2)转让的正义原则认为自愿原则是财产在人们之间合法转手的唯一条件,这就论证了自由市场制度的正当性;此外,(3)矫正的正义原则讨论如何矫正对前两条原则的违反。科恩的出色研究表明获取的正义原则为对自然资源的私有划定了过低的门槛,生产资料私有制度并未得到有效辩护。①笔者关注的是转让的正义原则,该原则将正义的分配状况等价于由当事人自愿交换(包括赠送)产生的结果②,其现实政治含义是为资本主义市场分配的正义性辩护。

诺奇克将转让的正义原则概括为"从愿给者得来,按被选者给去"③,并以此标榜他的资格理论尊重一切由自愿交换产生的财产分配状况。诺奇克认为资格理论的这一特征将其与形形色色的模式化(patterned)正义原则区别开来。广义的模式化正义原则包括所有按照某一预先设定的标准分配收入的正义原则。④这包括最终状态(end-state)原则,即以分配的最终结果来评判分配是否正义的原则,其典型代表是将能带来最大效用总和的分配原则看作正义的功利主义。广义的模式化正义原则还包括规定分配随着某种自然维度变化的所有原则,如按照一个人的道德功绩、需要、边际产品或努力程度进行分配,都是模式化的。在诺奇克看来,唯有包含转让的正义原则的资格理论不是一种模式化的正义原则。原因在于资格理论不是从最终的

---

① Cohen, G. A., 1995, *Self-ownership*, *Freedom and Equality*, Cambridge University Press, pp.79—90.

② Wolff, J., 1991, *Robert Nozick*: *Property*, *Justice and the Minimal State*, Polity Press, p.83.

③ [美]罗伯特·诺奇克:《无政府、国家和乌托邦》,姚大志译,中国社会科学出版社 2008 年版,第192 页。

④ 同上书,第 187 页。

财产分配状况,而是从财产分配所由产生的过程来评估分配是否正义,经由正义的步骤(自愿交换)产生的任何财产分配状况都是正义的。

然而,资格理论是否如诺奇克所言,是一种非模式化(unpatterned)原则呢? 这里我们再次看到新古典经济学对诺奇克的深刻影响。新古典经济学从个人偏好和选择出发考察经济现象,据此,对于劳动和休闲的不同偏好决定个人收入,对于储蓄和消费的不同选择决定家庭收入。劳动供给方根据自己的偏好将自己的有限时间分配到工时和休闲时间上以最大化自己的效用,不同的劳动参与者基于不同的工时获取不同收入。不同家庭在跨时期选择中基于不同贴现率(discount rate)来选择储蓄率以此决定当下和未来的消费,这进一步区分了不同家庭的收入。由于偏好和选择的千差万别,资本主义市场分配因而具有随机性。然而,个人的偏好和选择并不是一个阿基米德支点,而是被整个资本主义经济制度塑造的。这一点是新古典经济学所不能把握的,诺奇克由此得出的资本主义市场分配的非模式化特征也仅仅是表象。

从马克思主义政治经济学出发,我们能揭示诺奇克资格理论的模式化特征。不同于新古典经济学从理性个人的选择出发解释经济现象,马克思主义政治经济学的基本分析单位是阶级,它考察剩余产品的生产和分配。任何社会生产都是生产资料和劳动力的结合,资本主义社会的特点是这两种生产要素分别为资产阶级和工人阶级所有。工人为了生存,不得不到市场上出卖劳动力以换取工资,工人用工资购买生活资料以实现劳动力的再生产,然后再到市场上出卖劳动力,循环往复。马克思指出,"工人在同资本的交换中处于简单流通的关系之中,因而他得到的不是财富,而是生活资料,是用于直接消费的使用价值"。①工人在此过程中所进行的循环是"(作为劳动力的)商品—货币—(作为生活资料的)商品"(W—G—W)。资本家

---

① 《马克思恩格斯全集》第 30 卷,人民出版社 1995 年版,第 248 页。

在与工人签订雇佣契约后，同时成为生产资料和一定期限内劳动力的所有者，由于劳动力在使用过程中能够创造出大于其自身价值的更大价值，资本家由此获得作为利润来源的剩余价值。资本家为了在竞争中胜出，将剩余价值转化为预付资本购买更多生产资料，雇佣更多工人，从而攫取更多剩余价值，循环不止。资本家进行的循环是"货币—商品—更多货币"（G—W—G′）。另外，为了压低工资，维持资本的较高利润率，资本主义生产方式还会产生一支随着商业周期膨胀和收缩的产业后备军。沦为产业后备军成员的工人遭受失业之苦，即便是工人阶级中就业的部分，也由于来自产业后备军的竞争压力而不得不从事过度劳动或接受较低工资。因此，马克思在《资本论》中指出，资本主义生产"在一极是财富的积累，同时在另一极，即在把自己的产品作为资本来生产的阶级方面，是贫困……的积累"①。从马克思主义政治经济学视角来看，在资产阶级这一极的财富的积累和在工人阶级那一极的贫困的积累就是资本主义自由市场产生的最突出的分配模式。②

从马克思主义政治经济学视角，我们还能更好地解释造成资本主义两极分化分配模式的机制何以是自由市场的自愿交换。工人的贫困是由资本家的剥削造成的，但与奴隶社会或封建社会的剥削以政治权力直接实施不同，资本主义剥削恰恰是通过自由市场进行的。工人阶级不是像奴隶或农奴那样受到政治权力的直接压迫付出无偿劳动，相反，工人有完全的人身自由，事实上，工人对自身劳动能力的处置权是劳动力市场得以存在的前提。劳动力在资本主义社会成为一种商品，工人出卖劳动力遵循商品交换原则，他们通过与资本家订立雇佣契约出卖劳动力，而不是受到政治权力直接强

① 《马克思恩格斯文集》第 5 卷，人民出版社 2009 年版，第 743—744 页。
② 自实行新自由主义政策以来，美国社会经济不平等加剧，"美国收入前 10％人群的收入占美国国民收入的比重……从 70 年代的不足 35％上升到 2000—2010 年的 45％—50％"。皮凯蒂指出："资本市场越完善（以经济学家的角度），r＞g（r 和 g 分别代表资本收益率和经济增长率。——引者注）的可能性就越大"，这是一种"将社会推向两极分化或至少是不平等的强大力量"。（［法］托马斯·皮凯蒂：《21 世纪资本论》，中信出版社 2014 年版，第 25 页、第 28 页）

迫而提供无偿劳动。不断把劳动力作为商品出售这一市场交换行为决定了工人获得的只是生活资料,而资本家获得剩余价值。可见,资本主义两极化的收入分配不是通过政治权力的直接介入实现的,而是通过劳资双方的自愿市场交换实现的。由此,我们就可以理解,资本主义自由市场交换所产生的两极化分配模式何以如诺奇克所说"不构成人们应该要求一个社会加以满足的标准"①。只要有私有产权制度和自由竞争市场,资本家的财富积累和工人的贫困积累就会"自发地"产生出来。

第二节 "以个人权利证成自愿交换"的循环

上一节从马克思主义政治经济学观点出发论证了资本主义市场制度并不是一种如诺奇克标榜的非模式化分配方式,而是会产生工人和资本拥有者收入的两极分化。但这并不构成对诺奇克的决定性反驳。诺奇克可以辩护说由于资本主义自由市场本身是正义的,因而即使它所产生的分配状况呈现一定的模式化特征,这也无可指摘。所以我们有必要评估诺奇克对资本主义自由市场交换正义性的论证。

诺奇克的论证起点是某种对个人权利的自由至上主义阐释。②《无政府、国家和乌托邦》一书开篇第一句话就是:"个人拥有权利,而且有一些事情是任何人或任何群体都不能对他们做的(否则就会侵犯他们的权利)。这些权利是如此重要和广泛,以致它们提出了国家及其官员能够做什么的问

---

① [美]罗伯特·诺奇克:《无政府、国家和乌托邦》,姚大志译,中国社会科学出版社 2008 年版,第189 页。

② 对诺奇克的一个常见误读是将自由看作其政治哲学的最重要价值。对诺奇克来说,绝对财产权利(包括自我所有权和对外物的所有权)才是根本重要的价值,自由是衍生性的,依照人们有权利做的事情来定义。(Wolff, J., 1991, *Robert Nozick：Property，Justice and the Minimal State*, Polity Press, pp.3—4)

题,如果有这类问题的话。"①就权利的内容来说,诺奇克继承了洛克的自然权利理论,认为最重要的两项权利是自我所有权和财产权。②强调个人对其人身和财产的排他性支配权利是所有自由主义者的共同特征,诺奇克的特点是将权利理解为"边界约束",权利作为边界约束意味着"其他人的权利决定了对你的行为所施加的约束"③。这样,就不能像功利主义主张的那样为了社会的整体利益要求个人做出牺牲。诺奇克指出,之所以把权利理解为边界约束,是因为"并不存在拥有利益的社会实体,这种社会实体能够为了自己的利益而承受某些牺牲。存在的只是个体的人,具有他们自己个别生命的不同的个体的人。为了其他人的利益而利用其中的一个人,就是利用他而使别人得到好处,仅此而已"。④每个人的自我所有权和财产权都构成了对任何他人和国家行为的边界约束,任何通过强制性税收获取资金的社会福利政策都是不正义的,只有经过当事人同意的自愿交换所产生的财产转让才是正义的。概言之,诺奇克将权利理解为"边界约束"以强调人与人的分离性(separateness),在分离的个人之间只有通过彼此同意的契约才能实现财产转让,诺奇克由此提出自由市场上的自愿交换是产生财富正义分配的唯一途径。

由于诺奇克的论证以自由至上主义权利为基础,而他(正如他自己所承认的)又"没有提出一个关于个人权利之道德基础的精确理论"⑤,这就使左翼自由主义者内格尔(Nagel, Thomas)将他的资格理论指责为"无根基的自由至上主义"⑥。内格尔的指责针对的是诺奇克论证完整性的欠缺。而

---

① [美]罗伯特·诺奇克:《无政府、国家和乌托邦》,姚大志译,中国社会科学出版社 2008 年版,第 1 页。
② 同上书,第 11 页。
③ 同上书,第 35 页。
④ 同上书,第 39 页。
⑤ 同上书,第 7 页。
⑥ Nagel, Thomas, 1975, "Libertarianism without Foundations", *The Yale Law Journal*, Vol.85, No.1, pp.137—138.

按照马克思的观点，权利的基础不是哲学家为了论证的需要设定的，而是必须到特定生产方式中寻找。马克思指出："权利决不能超出社会的经济结构以及由经济结构制约的社会的文化发展。"①诺奇克以自由至上主义权利为基础所建构的资格理论能够在 20 世纪 70 年代之后赢得西方社会越来越多的共鸣，这就说明诺奇克的权力观契合了西方新自由主义倡导的减少国家干涉，以资本主义市场为主导的经济发展趋势。本节以下将论证：如果马克思关于资本主义意识形态的解释是正确的，那么诺奇克的自由至上主义权利观就发源于资本主义生产方式，尤其是资本主义市场交换本身；诺奇克从这些权利出发去论证资本主义市场交换的正义性，就构成一个循环论证，因而缺乏效力。

马克思在《论犹太人问题》中指出："私有财产这一人权是任意地、同他人无关地、不受社会影响地享用和处理自己的财产的权利；……这种自由首先宣布了人权是'任意地享用和处理自己的财产、自己的收入即自己的劳动和勤奋所得的果实'。"②值得注意的是，所引段落的最后一个分句凝练地概括了洛克和诺奇克由自我所有权到私有财产权的论证思路。③诺奇克所说作为边界约束的权利被马克思说成是"利己的人的权利、同其他人并同共同体分离开来的人的权利"④，这种权利就好比确定两块田地之间的界限的"界桩"将人与人分离开来。马克思的"界桩"喻和诺奇克的"边界约束"喻何其相似！这当然决非巧合。

关于这些"界桩式"或"边界约束式"的权利的发生学起源，马克思在《论犹太人问题》中未详加讨论。在完成历史唯物主义转向之后，马克思解释了分离的个人观念以及资本主义私有财产观念如何产生于资本主义商品交

---

① 《马克思恩格斯文集》第 3 卷，人民出版社 2009 年版，第 435 页。

② 《马克思恩格斯文集》第 1 卷，人民出版社 2009 年版，第 41 页。

③ 科恩对诺奇克以自我所有权为基础的论证思路做了详细讨论。（Cohen, G. A., 1995, *Self-ownership, Freedom and Equality*, Cambridge University Press, pp.67—69）

④ 《马克思恩格斯文集》第 1 卷，人民出版社 2009 年版，第 40 页。

换。关于分离的个人观念，马克思指出："只有到 18 世纪，在'市民社会'中，社会联系的各种形式，对个人来说，才表现为只是达到他私人目的的手段，才表现为外在的必然性。但是，产生这种孤立个人的观点的时代，正是具有迄今为止最发达的社会关系（从这种观点看来是一般关系）的时代。"[①]在资本主义商品经济中，人与人的社会关系表现为商品之间的交换关系，社会关系在商品中的物化反而使得每个人显示为孤立的商品生产者。商品在市场上的交换关系掩盖并取替了商品生产者互相交换劳动的社会关系，孤立个人的社会意识由此产生，正是商品交换本身产生了商品生产者彼此孤立的社会意识。

　　关于资本主义私有财产权利，马克思指出："所有现代的经济学家……都……把对自己劳动成果的所有权说成资产阶级社会的基本前提。这种前提本身是建立在交换价值这种支配着生产关系和交往关系的总和的经济关系的前提上的，因而它本身是资产阶级社会即发达的交换价值的社会的历史产物。"[②]在马克思看来，以自我所有权为基础的私有财产权利并不是一种自然或永恒的权利，而是建立在发达的资本主义商品经济之上，并与之相适应的权利。商品交换预设了交换双方对所交换商品的排他性权利，私有财产权与商品交换相伴而生，在资本主义阶段商品交换的对象扩展到大部分劳动产品，这时以自我所有权为基础的私有财产权才确立起来。正如林进平指出的："劳动产品和劳动本身并不必然是私有财产，它可以只是表达一种占有的事实，只是在商品交换中才被确定或追认为劳动者的私有财产。"[③]可见，不管是彼此孤立的原子式个人观念还是现代私有财产权，都是资本主义商品经济发展的产物。

　　基于以上马克思对资本主义个人权利的历史唯物主义探源，我们回过

---

① 《马克思恩格斯全集》第 30 卷，人民出版社 1995 年版，第 25 页。
② 《马克思恩格斯全集》第 31 卷，人民出版社 1998 年版，第 349 页。
③ 林进平：《马克思对私有财产权的两种批判》，《教学与研究》2016 年第 3 期，第 9 页。

头来评估诺奇克的论证策略是否有效。诺奇克从分离个人的自我所有权和排他性私有财产权出发，就是从由商品经济产生并与之相适应的资本主义人权出发，既然这些权利规定了每个人能如马克思所说"任意地、同他人无关地、不受社会影响地享用和处理自己的财产"，国家就不能出于任何目的对财产进行再分配，任何财产的转让都只能通过流通领域的等价交换，也即诺奇克所说的自愿交换，由自由市场参与者自愿订立的契约产生的财产分配状况是唯一正义的分配方式，诺奇克由此得以为资本主义自由市场的正义性辩护。但是，按照马克思对资本主义个人权利的历史唯物主义分析，由于诺奇克所由出发的自由至上主义权利观念本身是资本主义商品流通的产物，这些权利本身是为适应商品交换这一社会实践而逐渐形成的社会道德和法律观念，也就不能再反过来用这些权利为资本主义商品交换的正义性作辩护。诺奇克承认"没有提出一个关于个人权利之道德基础的精确理论"，而如果马克思关于资本主义人权起源的解释正确，这些权利本身产生自资本主义商品交换这一实践并与之适应，自由至上主义权利并不是一个独立于资本主义市场交换的论证起点。诺奇克从自由至上主义权利出发论证资本主义市场自愿交换的正义性，实际上是从产生自市场交换的资产阶级人权来论证资本主义市场交换的合理性，这一循环论证显然缺乏效力。

需要指出的是，从二战结束到 20 世纪 70 年代，一方面为了规避经济大萧条的覆辙，另一方面也为了应对来自苏联社会主义阵营的革命压力，西方主要国家奉行凯恩斯主义，加强政府对经济的干预，实行提高工人社会福利待遇的收入再分配政策。在此期间西方自由主义权利观并不是自由至上主义的，大多数自由主义者如罗尔斯和德沃金等支持一种稀释了的私有财产权利，个人在资本主义自由市场上的所得要为社会福利等项目进行扣除，个人只对扣除后的部分享有私有财产权利。前已指出，诺奇克的自由至上主义权利观契合了始自 20 世纪 70 年代的西方新自由主义转向，新自由主义政策旨在减少政府对经济的干预，恢复经济的放任自由，这实际上是向马克思所处的放任资本主义阶段的一种回归。正因如此，一方面，与罗尔斯等左翼自由主义者相比，诺奇克的正义理论与马克思的政治哲学观念更为对立；另一方面，马克思对放任资本主义阶段资产阶级人权的批判也特别适于用来回应诺奇克的自由至上主义观念。

第三节　不同生产关系中的自愿交换

诺奇克的资格理论反对的切近目标是以罗尔斯为代表的福利再分配政策，但他援引的理由又容易使他遭到马克思主义者关于资本主义雇佣关系是一种剥削关系的指责。因而诺奇克在反对资本主义福利再分配的同时，又要极力避免得出资本主义存在剥削的结论。本节拟从马克思主义政治经济学出发，对此予以回应。

诺奇克反对福利再分配政策的理由是它侵占了人们的劳动。前已指出，诺奇克的论证起点是自我所有权。这种所有权观念认为人们对自己和自己的劳动拥有所有权，每一个人都拥有权利决定自己做什么以及收获自己行为带来的利益。诺奇克指出"对劳动所得征税等于是强迫劳动……从一个人那里拿走 n 小时的劳动所得犹如拿走 n 小时，犹如强迫这个人为了另外一个人的目的而工作 n 小时。"[①]诺奇克由此认为政府为筹措用于福利再分配的资金而课税正是强迫一些人为另外一些人劳动，这就侵占了人们的劳动。

然而，马克思关于资本主义是一种剥削制度的论断正是基于对资本家侵占工人剩余劳动的分析。马克思通过对利润来源的追溯发现，工人的劳动时间分为必要劳动时间和剩余劳动时间两个部分。必要劳动时间创造的

---

① ［美］罗伯特·诺奇克：《无政府、国家和乌托邦》，姚大志译，中国社会科学出版社 2008 年版，第 202 页。

价值用于补偿工人的工资,而剩余劳动时间形成的价值则被资本家无偿占有。诺奇克极力避免这一结论,他认为传统社会主义的如下观点是错误的:"工人有资格拥有他们劳动的产品和所有成果,这是他们挣来的。"①诺奇克一方面认为福利再分配政策强迫一些人为另一些人劳动,另一方面又认为企业利润并不来自对工人劳动的侵占。诺奇克是如何避免从他反对福利再分配的同一理由引出他所不愿意承认的结论的呢?

诺奇克试图通过对交换是否自愿的强调摆脱论证上的困境,指出:由于福利政策所需资金不是社会富裕阶层自愿捐献的,而是政府诉诸国家强制力征税得来的,这实际上是"侵占别人的劳动";相反,由于资本家和工人之间的雇佣关系是在劳动力市场上自愿签订的,因而并不包含对劳动的侵犯。②诺奇克提供了一个以"自愿交换"为纽带的类比论证,本节以下将借鉴马克思在《资本论》及其手稿中的有关分析,揭示诺奇克的类比论证对不同社会条件下的自愿交换的混淆。

诺奇克设想了以下三种情境:

情境一:"让我们设想有 n 个人不在一起合作,每个人都是靠自己的努力单独生活……有 10 个鲁滨逊,其中每一个都在不同的岛屿上单独工作了两年……"③诺奇克认为在情境一的非合作状态中,"每一个个人应得其靠自己努力而独立得到的东西,或者换一种说法,任何其他人都不能对这份持有提出一种正义的要求"。④

情境二:"我们假定,社会合作基于劳动分工、专业化、比较优势和交换,等等,每个人都单独工作,对他得到的某些投入进行加工,同别人签订合同,而后者则继续进行加工或运输他的产品,直到它达到其最终消费者的手

① [美]罗伯特·诺奇克:《无政府、国家和乌托邦》,姚大志译,中国社会科学出版社 2008 年版,第 185 页。
② 同上书,第 206 页、第 314—316 页。
③ 同上书,第 220—221 页。
④ 同上书,第 221 页。

里。人们合作做出了这些事情,但是他们分别地工作,每个人都是一个微型公司。……人们是自愿地同其他人进行交换的,是自愿转让资格的,其行为没有受到限制,可以自由与任何一方以任何相互接受的比价进行交易。"①

情境三:"现在让我们放下这种假定,即人们单独工作,仅仅通过自愿的交换以前后相继的方式合作,转而考虑人们在一起工作,共同生产某种东西。……无论如何,我们又一次面对大量双边交易的情况:……企业家们同单个的工人达成了协议,或者工人的群体首先达成某种联合协议,然后再向企业家提出一揽子交易,等等。在自由市场上,人们以通常方式确定的交易比价(价格)转让他们的持有或劳动。"②

诺奇克提供这三个社会合作程度依次加强的情境,在情景一中没有交换,人们自给自足,情境二的特点在于人们交换各自单独生产的劳动产品,情境三在情境二的基础上增加了劳动力市场交换。按照马克思政治经济学的术语,诺奇克设想的三种情境依次为自给自足的生产、小商品生产(或简单商品生产)和资本主义生产。诺奇克意在通过三种情境的类比表明:如果读者认可资格理论适用于情境一,那么情境一和情境二的类似就应使他们认为资格理论也适用于情境二;如果读者认为资格理论适用于情境二,那么情境二和情境三的类似就应使他们认为资格理论同样适用于情境三。诺奇克由此论证资本主义市场交换(包括在劳动力市场上的交换)是正义的,"资格理论家将会认为,由当事人的自愿交换所导致的任何一种分配都是可接受的"③。诺奇克的类比论证具有很大迷惑性,需要借助马克思的相关经济学理论才能得到恰当评估。

马克思区分了两种私有制,一种是"靠自己劳动挣得的私有制,即以各

---

① [美]罗伯特·诺奇克:《无政府、国家和乌托邦》,姚大志译,中国社会科学出版社 2008 年版,第222—223 页。

② 同上书,第223—224 页。

③ 同上书,第224 页。(译文有改动)

个独立劳动者与其劳动条件相结合为基础的私有制",另一种是"资本主义私有制,即以剥削他人的但在形式上是自由的劳动为基础的私有制"。①马克思指出前者发展到一定程度,必然为后者所排挤。在诺奇克设想的情境二,即马克思所说的小商品生产状况中,每个人分散拥有生产资料并单独劳动。商品交换预设了交换双方对商品的私有权利,商品作为一种劳动产品,只是对象化的劳动。马克思由此指出,在简单商品经济中,"以自己的劳动为基础的所有权"是基本前提。②商品流通也就只是体现在各种各样产品中的劳动的相互交换,"只有通过自己劳动的转让才能占有他人商品即他人劳动"③。在这种生产条件下不存在剥削,"如果一个人变穷了,另一个人变富了,那么这同他们的自由意志,他们的节省、勤劳、道德等等有关,而决不是由个人在流通中互相对立时发生的经济关系即交往关系本身造成的"④。因而,如果所指的是简单商品经济中的交换,我们可以同意诺奇克的如下观点:只有出于自愿交换的财产转让才是正义的,而任何强制的财产转移(如通过税收为福利政策筹措资金)都涉及对别人劳动的侵占。

但是,马克思强调以自我所有权为基础的所有权理论只是在简单商品经济中适用,在资本主义商品经济中,大多数商品并不是拥有生产资料的私人单独生产出来的,而是资本家雇佣工人劳动生产出来的。马克思指出:"所有权最初表现为以自己的劳动为基础。现在所有权表现为占有他人劳动的权利,表现为劳动不能占有它自己的产品。"⑤由于工人自由得一无所有,他必须在劳动力市场上出卖自己的劳动力为生,形式上自由签订的雇佣契约成为资本主义剥削的起点。资本家使用劳动力得到的价值大于预付给工人的工资,因而资本家与工人之间的交换徒有虚名。马克思指出:资本主

① 《马克思恩格斯文集》第 5 卷,人民出版社 2009 年版,第 873 页。

② 《马克思恩格斯全集》第 31 卷,人民出版社 1998 年版,第 348 页。

③ 同上书,第 349 页。

④ 同上书,第 361 页。

⑤ 同上书,第 450 页。

义"生产建立在不通过交换却又在交换的假象下占有他人劳动的基础上"①；"资本借助交换的形式，不经交换就占有了他人的劳动时间"②。

从马克思主义政治经济学视角来看，当诺奇克通过情境二和情境三的类比，为情境三中的资本主义雇佣关系辩护时，他混淆了两种社会条件下的自愿交换：一种是每个人凭借自己的生产资料进行生产，然后到商品市场上交换其他产品；另一种是资本家凭借对生产资料的垄断，以获利为目标在劳动力市场上与工人的交换。马克思认为这两种交换有本质区别，前一种实际上是等量劳动之间的交换，不涉及侵占他人劳动；而后一种则是一种虚假的交换，因为资本家通过这种交换侵占了工人的剩余劳动。诺奇克将简单商品经济中的自愿交换和资本主义经济条件下的自愿交换等量齐观，这就忽视了社会条件对于自愿交换是否正义的制约作用。不能从交换双方在交换时的意志状态（是否自愿）来判断交换是否正义，而是要看交换所由发生的经济关系。与简单商品经济中的市场交换相比，工人在同资本家交换时"已经处在某种另外的在经济上具有不同规定的关系中了"。③这种资本主义生产关系本身使得劳动力市场上的貌似自愿的交换成为资本家侵占工人劳动的起点。

小　结

笔者并未对诺奇克的资格理论提供击倒式反驳，而是从马克思主义立场对其构成挑战。诺奇克承认"没有提出一个关于个人权利之道德基础的精确理论"，第二节论证：如果马克思关于"资本主义社会以自我所有权为基

---

① 《马克思恩格斯全集》第 30 卷，人民出版社 1995 年版，第 505 页。
② 《马克思恩格斯全集》第 31 卷，人民出版社 1998 年版，第 69 页。
③ 《马克思恩格斯全集》第 30 卷，人民出版社 1995 年版，第 243 页。

础的普遍财产权利是商品经济发展的产物"的论断可信,那么诺奇克从自由至上主义权利出发证成资本主义市场交换就要面临循环论证的指责。诺奇克通过对不同类型自愿交换之间的类比来论证资本主义劳动市场上的自愿交换不涉及对工人劳动的侵占,第三节论证:诺奇克的类比论证忽视了马克思关于"自愿交换是否侵占劳动取决于交换发生于其中的生产关系"的观点。诺奇克可以通过提供一个不同于唯物史观的"关于个人权利之道德基础的精确理论"来回应第二节的挑战,还可以通过反驳马克思对简单商品经济和资本主义商品经济所作区分来回应第三节的挑战。但在没能做到以前,诺奇克没有"资格"宣称资本主义自由市场分配(尤其是劳资分配)是正义的,或者"马克思的剥削是对经济学缺乏了解的人们的利用"。

参考文献

中文作品

《马克思恩格斯文集》，人民出版社 2009 年版。

《马克思恩格斯全集》，人民出版社 1960 年、1963 年、1995 年、1998 年、2015 年、2020 年版。

卞绍斌：《马克思与正义：从罗尔斯的观点看》，《哲学研究》2014 年第 8 期。

[美]涛慕思·博格：《康德、罗尔斯与全球正义》，刘莘、徐向东等译，上海译文出版社 2010 年版。

[英]马克·布劳格：《经济理论的回顾》（第五版），姚开建译，中国人民大学出版社 2018 年版。

[美]丹尼尔·布鲁德尼：《罗尔斯与马克思：分配正义与人的观念》，张祖辽译，上海人民出版社 2017 年版。

段忠桥：《当前中国的贫富差距为什么是不正义的？——基于马克思〈哥达纲领批判〉的相关论述》，《中国人民大学学报》2013 年第 1 期。

葛四友：《论无知之幕和社会契约的作用》，《中国人民大学学报》2012 年第 5 期。

[德]伊曼努尔·康德：《康德著作全集》第 6 卷，张荣、李秋零译，中国人

民大学出版社 2007 年版。

〔德〕伊曼努尔·康德:《实践理性批评》,韩水法译,商务印书馆 2009 年版。

〔德〕伊曼努尔·康德:《道德形而上学奠基》,杨云飞译,人民出版社 2013 年版。

〔德〕伊曼努尔·康德:《康德历史哲学论文集》,李明辉译注,广西师范大学出版社 2020 年版。

〔英〕格里高利·克拉克:《告别施舍:世界经济简史》,洪世民译,广西师范大学出版社 2020 年版。

〔美〕克拉克:《财富的分配》,陈福生、陈振骅译,商务印书馆 1983 年版。

惠春寿:《重叠共识:既不重叠,亦非共识》,《道德与文明》2019 年第 2 期。

林进平:《马克思对私有财产权的两种批判》,《教学与研究》2016 年第 3 期。

〔英〕洛克:《政府论》(下篇),叶启芳、瞿菊农译,商务印书馆 1964 年版。

〔美〕约翰·罗尔斯:《正义论》(修订版),何怀宏、何包钢、廖申白译,中国社会科学出版社 2009 年版。

〔美〕约翰·罗尔斯:《作为公平的正义——正义新论》,姚大志译,中国社会科学出版社 2011 年版。

〔美〕约翰·罗尔斯:《政治哲学史讲义》,杨通进、李丽丽、林航译,中国社会科学出版社 2011 年版。

〔英〕马歇尔:《经济学原理》(上卷),朱志泰译,商务印书馆 1964 年版。

倪寿鹏:《正义的多面孔:马克思与罗尔斯》,《哲学研究》2017 年第 8 期。

〔美〕罗伯特·诺奇克:《无政府、国家和乌托邦》,姚大志译,中国社会科学出版社 2008 年版。

［法］托马斯·皮凯蒂:《21 世纪资本论》,巴曙松译,中信出版社 2014 年版。

［法］蒲鲁东:《什么是所有权》,孙署冰译,商务印书馆 1963 年版。

宋珊珊:《马克思与罗尔斯思想的比较性研究——访丹尼尔·布鲁德尼教授》,《哲学动态》2018 年第 11 期。

姚大志:《正义的张力:马克思和罗尔斯之比较》,《文史哲》2009 年第 4 期。

英文作品

Allison，Henry E.，2011，*Kant's Groundwork for the Metaphysics of Morals：A Commentary*，Oxford University Press.

Barber，B.，1975，"Justifying Justice"，in *Reading Rawls：Critical Studies on Rawls's A Theory of Justice*，Normal Daniels（ed.），Basic Books.

Barry，Brian，1995，"John Rawls and the Search for Stability"，*Ethics*，Vol.105，No.4.

Berki，R. N.，1988，*The Genesis of Marxism*，J. M. Dent & Sons Ltd.

Buchanan，Allen E.，1982，*Marx and Justice：The Radical Critique of Liberalism*，Rowman and Allanheld.

Chambers，Simone，2012，"Justice or Legitimacy，Barricades or Public Reason? The Politics of Property-Owning Democracy"，in *Property-Owning Democracy：Rawls and Beyond*，Martin O'Neill and Thad Williamson（eds.），Wiley-Blackwell.

Cohen，G. A.，1983，"Review of Karl Marx，by Allen Wood"，

Mind, Vol.92, No.367.

Cohen, G. A., 1995, *Self-ownership, Freedom and Equality*, Cambridge University Press.

Cohen, G. A., 2008, *Rescuing Justice and Equality*, Harvard University Press.

Connin, Lawrence J., 1985, "On Diquattro, 'Rawls and Left Criticism'", *Political Theory*, Vol.13, No.1.

Daniels, Norman, 1975, "Equal Liberty and Unequal Worth of Liberty", in *Reading Rawls: Critical Studies on Rawls's A Theory of Justice*, Normal Daniels(ed.), Basic Books.

Darwall, Stephen L., 1976, "A Defense of the Kantian Interpretation", *Ethics*, Vol.86, No.2.

Darwall, Stephen L., 1980, "Is There a Kantian Foundation for Rawlsian Justice?" in *John Rawls' Theory of Social Justice: An Introduction*, H. Gene Blocker and Elizabeth H. Smith(eds.), Ohio University Press.

DiQuattro, Arthur, 1983, "Rawls and Left criticism", *Political Theory*, Vol.11, No.1.

Dreben, Burton, 2003, "On Rawls and Polibtical Liberalism", in *The Cambridge Companion to Rawls*, S. Freeman (ed.), Cambridge University Press.

Dworkin, Ronald, 1977, *Taking Rights Seriously*, Harvard University Press.

Estlund, David, 1996, "The Survival of Egalitarian Justice in John Rawls's Political Liberalism", *Journal of Political Philosophy*, Vol.4, No.1.

Edmundson, William A., 2017, *John Rawls: Reticent Socialist*, Cambridge University Press.

Feinberg, J., 1970, *Doing and Deserving*, Princeton University Press.

Freeman, Samuel, 2003, "Introduction: John Rawls-An Overview," in *The Cambridge Companion to Rawls*, S. Freeman (ed.), Cambridge University Press.

Freeman, Samuel, 2003, "Congruence and the Good of Justice", in *The Cambridge Companion to Rawls*, Samuel Freeman (ed.), Cambridge University Press.

Freeman, Samuel, 2007, *Rawls*, Routledge.

Freeman, Samuel, 2007, *Justice and the Social Contract: Essays on Rawlsian Political Philosophy*, Oxford University Press.

Galston, William A., 1991, *Liberal Purposes*, Cambridge University Press.

Gaus, Gerald, 2011, *The Order of Public Reason*, Cambridge University Press.

Gaus, Gerald, 2014, "The Turn to a Political Liberalism", in *A Companion to Rawls*, J. Mandle and D. A. Reidy (eds.), Wiley-Blackwell.

Geras, Norman, 1983, *Marx and Human Nature: Refutation of a Legend*, Verso.

Geras, Norman, 1984, "The controversy about Marx and justice", *Philosophica*, Vol.33, No.1.

Harvey, D., 2005, *A Brief History of Neoliberalism*, Oxford University Press.

Hayek, F. A., 2013, *Law, Legislation and Liberty*, Routledge.

Henson, Richard G., 1979, "What Kant Might have Said: Moral Worth and the Overdetermination of Dutiful Action", *The Philosophical Review*, Vol.88, No.1.

Hunt, Ian, 2015, *Liberal Socialism: An Alternative Social Ideal Grounded in Rawls and Marx*, Lexington Books.

Husami, Ziyad I., 1978, "Marx on distributive justice", *Philosophy and Public Affairs*, Vol.8, No.1.

Hurley, S. L., 2003, *Justice, Luck, and Knowledge*, Harvard University Press.

Johnson, Oliver A., 1974, "The Kantian Interpretation", *Ethics*, Vol.85, No.1.

Johnson, Oliver A., 1977, "Autonomy in Kant and Rawls: A Reply", *Ethics*, Vol.87, No.3.

Kant, Immanuel, 1997, *Lectures on Ethics*, Peter Heath(trans.), Cambridge University Press.

Korsgaard, Christine M., 1996, *The Sources of Normativity*, Cambridge University Press.

Korsgaard, Christine M., 2009, *Self-Constitution*, Oxford University Press.

Krouse, Richard, and McPherson, Michael, 1988, "Capitalism, 'Proper-Owning Democracy', and the Welfare State", in *Democracy and the Welfare State*, Amy Gutmann(ed.), Princeton University Press.

Kymlicka, Will, 2002, *Contemporary Political Philosophy: An Introduction*(Second Edition), Oxford University Press.

Lawler, James, 1998, "Marx as Market Socialist", in *Market Social-*

ism: *The Debate among Socialist*, B. Ollman(ed.), Routledge.

Levine, Andrew, 1974, "Rawls' Kantianism", *Social Theory and Practice*, Vol.3, No.1.

Leopold, David, 2007, *The Young Karl Marx*, Cambridge University Press.

Macpherson, C. B., 1973, "Rawls's Models of Man and Society", *Philosophy of the Social Sciences*, Vol.3, No.4.

Mason, H. E., 1976, "On the Kantian Interpretation of Rawls' Theory", *Midwest Studies in Philosophy*, Vol.1, No.1.

Mulhall, Stephen and Swift, Adam, 1996, *Liberals and Communitarians*(Second Edition), Blackwell.

Müller, Jan-Werner, 2006, "Rawls, Historian: Remarks on Political Liberalism's ' Historicism '", *Revue Internationale de Philosophie*, Vol.60, No.237.

Nielsen, Kai, 1978, "On the Very Possibility of a Classless Society: Rawls, Macpherson, and Revisionist Liberalism", *Political Theory*, Vol.6, No.2.

Nozick, Robert, 1989, *The Examined Life*, Simon & Schuster.

Nagel, Thomas, 1975, "Libertarianism without Foundations", *The Yale Law Journal*, Vol.85, No.1.

Nagel, Thomas, 1991, *Equality and Partiality*, Oxford University Press.

Nagel, Thomas, 2003, "Rawls and Liberalism", in *The Cambridge Companion to Rawls*, S. Freeman(ed.), Cambridge University Press.

Nussbaum, Martha C., 2006, *Frontiers of Justice*, Belknap Press of Harvard University Press.

Okin, Susan Moller, 1994, "Political Liberalism, Justice, and Gender", *Ethics*, Vol.105, No.1.

Peffer, Rodney G., 1990, *Marxism, Morality, and Social Justice*, Princeton University Press.

Peffer, Rodney G., 2015, "Property-owning democracy", in *The Cambridge Rawls Lexicon*, Jon Mandle and David A. Reidy(eds.), Cambridge University Press.

Putnam, Hilary, 1997, "A Half Century of Philosophy, Viewed From Within", *Daedalus*, Vol.126, No.1.

Quong, Jonathan, 2011, *Liberalism without Perfection*, Oxford University Press.

Rapaprot, E., 1977, "Classical Liberalism and Rawlsian Revisionism", in *New Essays on Contract Theory*, Kai Nielsen and Roger Shiner(eds.), Canadian Association for Publishing in Philosophy.

Rawls, John, 1971, *A Theory of Justice*, Belknap Press of Harvard University Press.

Rawls, John, 1996, *Political Liberalism*(Expanded Edition), Columbia University Press.

Rawls, John, 1999, *The Law of Peoples*, Harvard University Press.

Rawls, John, 2000, *Lectures on the History of Moral Philosophy*, Barbara Herman(ed.), Harvard University Press.

Rawls, John, 2001, *Collected Papers*, Samuel Freedom(ed.), Harvard University Press.

Reidy, David A., 2007, "Reciprocity and Reasonable Disagreement: From Liberal to Democratic Legitimacy", *Philosophical Studies*, Vol. 132, No.2.

Reiman, Jeffrey, 2012, *As Free and as Just as Possible: The Theory of Marxian Liberalism*, Wiley-Blackwell.

Richardson, Henry S., 2006, "Rawlsian Social-contract Theory and the Severely Disabled," *The Journal of Ethics*, Vol.10, No.4.

Sayers, Sean, 1998, *Marxism and Human Nature*, Routledge.

Sayers, Sean, 2015, "Marx as a Critic of Liberalism", in *Constructing Marxist Ethics: Critique, Normativity, Praxis*, Michael J. Thompson (ed.), Brill.

Scanlon, Thomas M., 1982, "Contractualism and Utilitarianism", in *Utilitarianism and Beyond*, Amartya Sen and Bernard Williams (eds.), Cambridge University Press, 1982.

Scheffler, Samuel, 1994, "The Appeal of Political Liberalism", *Ethics*, Vol.105, No.1.

Scheffler, Samuel, 2000, "Justice and Desert in Liberal Theory", *California Law Review*, Vol.88, No.3.

Scheffler, Samuel, 2003, "What Is Egalitarianism?", *Philosophy and Public Affairs*, Vol.31, No.1.

Schneewind, J. B., *The Invention of Autonomy*, Cambridge University Press, 1998.

Schweickart, D., 1996, *Against Capitalism*, Westview Press.

Shoikhedbrod, Igor, 2019, *Revisiting Marx's Critique of Liberalism: Rethinking Justice, Legality and Rights*, Palgrave Macmillan.

Smith, A., 1982, "Robert Nozick's Critique of Marxian Economics", *Social Theory and Practice*, Vol.8, No.2.

Smith, Tony, 2017, *Beyond Liberal Egalitarianism*, Brill.

Taylor, Robert S., 2011, *Reconstructing Rawls*, The Pennsylvania

State University Press.

Tuck, Robert C., 1969, *The Marxian Revolutionary Idea*, W. W. Norton.

Vallier, Kevin, 2011, "Convergence and Consensus in Public Reason", *Public Affairs Quarterly*, Vol.25, No.4.

Waldron, Jeremy, 1987, *"Nonsense Upon Stilts"*: *Bentham, Burke ana Marx on the Rights of Man*, Methuen.

Waldron, Jeremy, 1988, *The Right to Private Property*, Clarendon Press.

Weithman, Paul, 2015, "Legitimacy and the Project of Political Liberalism", in *Rawls's Political Liberalism*, T. Brooks and M. C. Nussbaum (eds.), Columbia University Press.

Williams, Bernard, 2005, "Realism and Moralism in Political Theory", in *In the Beginning was the Deed*, G. Hawthorn(ed.), Princeton University Press.

Wolff, J., 1991, *Robert Nozick*: *Property, Justice and the Minimal State*, Polity Press.

Wolff, Robert Paul, 1977, *Understanding Rawls*, Princeton University Press.

Wood, Allen W., 1972, "The Marxian critique of justice", *Philosophy and Public Affairs*, Vol.1, No.3.

Wood, Allen W., 1979, "Marx on right and justice: a reply to Husami", *Philosophy and Public Affairs*, Vol.8, No.3.

Wood, Allen W., 1999, *Kant's Ethical Thought*, Cambridge University Press.

Wood, Allen W., 2022, "The Final Form of Kant's Practical Philosophy", in *Kant's Metaphysics of Morals*: *Interpretative Essays*, Mark Timmons(ed.), Oxford University Press.

Wood, Allen W., 2004, *Karl Marx*(2nd Edition), Routledge.

后　记

　　我 2017 年从北京大学哲学系博士毕业后前往上海社会科学院哲学研究所工作。博士临近毕业时,我从北大图书馆复印了一批当时无法找到电子版的英文政治哲学藏书,其中就包括艾伦·布坎南的《马克思和正义:对自由主义的激进批判》(*Marx and Justice: The Radical Critique of Liberalism*)。2018 年夏天我从上海搭乘高铁前往北京参加第 24 届世界哲学大会,当时我带了布坎南的这本书在车上阅读。这本书的第六章题为"马克思和罗尔斯",这是我第一次阅读比较马克思和罗尔斯的文献。在此之前,我对马克思的了解主要来自大学政治公共课,对马克思的原典则几未接触过。我一向认为最有助于理解一个哲学家思想的著作一定是他的批评者写的。读布坎南的书让我第一次看到从马克思主义视角对罗尔斯的一些批评意见,我的第一印象是这些批评意见很有洞察力。回上海之后,我下决心研读马克思的经典作品,以期对罗尔斯的政治哲学有更深刻的理解。回过头看,我的马克思和罗尔斯比较之旅是从一次旅行开始的。

　　上海社科院实行年度考核制度,我必须每年产出学术成果。考核压力使我无法等到对马克思的整个理论体系有了相当深入的研究之后,再去写作。我不得不把哪怕不是很成熟的观点也写下来。我后来发现这对我梳理已经形成的理解,为进一步的研究设定问题很有帮助。就这样,我陆续写了三篇比较马克思和罗尔斯的文章发表,这些文章基本上都关涉罗尔斯"政治转向"以前的政治哲学。等到我在 2022 年秋对罗尔斯后期的"重叠共识"理念从马克思主义视角作出了解读之后,才想到或许可以写一本从马克思主义视角对罗尔斯整个政治思想做全面解读的书。

我在北大读博期间参加的都是我的导师韩水法教授的课。所以除了我自己的阅读之外,我在北大学到的东西基本上都来自导师韩水法教授。其中不光是知识上的,更主要的是见识上的。记得韩老师说过类似下面这样的话:若要想读懂康德,在知识上就必须达到康德的水平,甚至更高。我把这句话运用在罗尔斯研究上,告诫自己在研究罗尔斯时,不能只读罗尔斯的著作,而必须对经济学、元伦理学、康德实践哲学等相关学科和知识都有所了解。当然,我做得还远远不够。研读马克思并从马克思主义视角解读罗尔斯也可以算作我将韩老师的告诫运用在罗尔斯研究上的一个实践。2014年8月至2015年8月我前往美国乔治城大学哲学系参加联合培养,美方合作导师是罗尔斯的弟子亨利·理查森教授。除学校假期外,亨利每周安排时间跟我讨论罗尔斯,他要求我提前将要讨论的问题通过邮件发给他,他准备之后我们花一两个小时围绕问题进行讨论。我每周的任务就是为讨论做准备:提出有意义的问题,并熟悉相关文献。可以想见,这样的训练对于提高我对罗尔斯的理解帮助有多大!本书第三章来自我研读亨利为罗尔斯辩护的一篇文章时产生的想法,我跟亨利讨论了我的想法,他觉得有一定道理,这促使我把我的观点写成文章。回国之后,这篇文章经韩老师修改指正后发表。这是我学者生涯的起点。2019年秋亨利来北京大学做讲座,我跟他讨论了《唯物史观视角中的罗尔斯正义理论》一文的梗概,他的意见促使我修改了部分论证。感谢两位导师!

到上海社会科学院哲学研究所工作的第二年,我开始从事马克思和罗尔斯的比较研究。当时哲学所除了三四位资深研究员之外,绝大多数科研人员都是跟我同年龄段的年轻人,大家志趣相投、平等友爱,共同维持并消受着一种理想的科研环境。哲学所在方松华所长的领导下,形成了一种自由宽松、形散神聚的学术氛围。我经常读到外国学者在书的序言里感谢所在学校免除作者在写作期间的教学任务,好让作者专心创作。每读至此,我都会感慨哲学所给青年学者提供了多么充裕的科研时间! 若非如此,我可能无法把全部时间和精力投入到研读马克思的著作,若如此,这本书即便最终会跟读者见面,也不会在这个时间,以这个面貌出版。

感谢上海社会科学院科研处为本书提供出版资助。

感谢家人对我学术事业的支持,感谢妻子的鼓励和陪伴!

汪志坚

2024 年 3 月

图书在版编目(CIP)数据

马克思主义视域中的罗尔斯 / 汪志坚著. -- 上海：
上海人民出版社，2024. --（上海社会科学院重要学术
成果丛书）. -- ISBN 978-7-208-19023-8

Ⅰ. B712.59

中国国家版本馆 CIP 数据核字第 2024MQ8698 号

责任编辑　陈依婷　于力平
封面设计　路　静

上海社会科学院重要学术成果丛书・专著

马克思主义视域中的罗尔斯
汪志坚　著

出　　版　上海人 A A 出版社
　　　　　（201101　上海市闵行区号景路 159 弄 C 座）
发　　行　上海人民出版社发行中心
印　　刷　上海新华印刷有限公司
开　　本　720×1000　1/16
印　　张　12.5
插　　页　2
字　　数　159,000
版　　次　2024 年 9 月第 1 版
印　　次　2024 年 9 月第 1 次印刷
ISBN 978 - 7 - 208 - 19023 - 8/B・1768
定　　价　65.00 元